TOUT FAIRE EN

PAPIER MÂCHÉ

Titre déjà paru dans la même collection :
Tout faire en pâte à sel

Édition du Club France Loisirs, Paris
avec l'autorisation des Éditions Solar
ISBN : 2-7242-9608-7
N° Éditeur : 27753
Dépôt légal : janvier 1997

TOUT FAIRE EN

PAPIER MÂCHÉ

Réalisation des modèles: **Ghislaine Descamps**
Textes: **Frédérique Crestin-Billet**
Photographies: **Matthieu Prier**
Stylisme: **Sybil Cannac**

FRANCE LOISIRS
123 boulevard de Grenelle, Paris

A
B
2

Sommaire

INTRODUCTION

La satisfaction de la récupération

« Mâcher » est un terme technique emprunté à l'industrie du bois qui signifie couper sans netteté, déchirer les fibres.

L'invention du papier se situe au début de notre ère et serait due à un Chinois du nom de Ts'ai Lun. De la Chine, le savoir-faire du papier passe aux Arabes au milieu du VIIIe siècle puis arrive en Espagne au XIe siècle, gagne l'Italie, l'Allemagne la France. Fait de chiffons de chanvre et de fibres de lin broyés avec un pilon, le papier a été très longtemps un matériau onéreux et peu répandu. Mais l'invention était là : une pâte permettait d'obtenir des feuilles. Comme toujours lorsqu'une invention qui a tant de répercussions sur la vie quotidienne voit le jour, les peuples s'en emparent et leur génie fait qu'ils l'adaptent en fonction de leurs ressources naturelles. La pâte à papier s'est ainsi vue mêlée à toutes sortes de fibres, écorces, racines, plantes, graines...

Oiseau, fabriqué en Afrique du Sud, fait de pâte à papier poncée, puis peinte et vernie.

Avec le développement de la presse et la multiplication des journaux et publications au XIXe siècle, un « nouveau » matériau voyait le jour, le papier journal, dont la nature même est d'être éphémère. Qui dit éphémère dit... récupérable, par tous et à moindre frais. Les périodes de crise et l'ingéniosité aidant, on s'est alors vite aperçu que le papier que l'on « mâchait », c'est-à-dire que l'on découpe sans netteté, que l'on déchire au lieu de le trancher net détrempé et mélangé à de l'argile, de la craie, de la colle, de l'amidon... devient un matériau intéressant. Ce carton-pâte, ou papier mâché, est en effet tout à la fois malléable, dur et solide, mais aussi léger.

C'est ainsi qu'au XIXe siècle on fabriquait une foule d'objets en papier mâché : masques, poupées, moulures de meubles ou de portes, bougeoirs, objets usuels ou petits meubles d'appoint, qui étaient peints puis vernis plusieurs fois afin de résister à l'humidité. C'est ainsi que le théâtre, pour ses décors et pour la fabrication de marionnettes, a beaucoup utilisé le papier mâché. La pâte était coulée dans des formes en bois ou en fer qui étaient huilées, fortement pressée, mise à sécher et démoulée, puis poncée. Aux États-Unis, certaines industries s'étaient même

lancées dans la fabrication de pièces de machine, de bicyclettes et même de matériaux pour la construction. Mélangée à diverses substances, des feuilles de papier collées les unes sur les autres et pressées donnaient des planches pouvant être travaillées comme le bois. Une technique similaire permettait d'obtenir des briques pour les cloisons des maisons, alliant ainsi à la légèreté la bonne isolation thermique et phonique. Des techniques auxquelles notre époque devrait peut-être revenir.

L'intérêt du papier mâché est qu'il peut être utilisé sous deux formes. La pâte, qui présente l'inconvénient d'être assez longue à sécher, mais qui est malléable à souhait et peut être associée à du grillage permettant d'envisager des créations de très grande taille. La technique des bandes déchirées est plus appropriée lorsque l'on a peu de place, notamment pour laisser sécher les objets.

Dans la tradition des objets en papier mâchés fabriqués au XIXᵉ siècle : une petite boîte à pilules et une tabatière en pâte à papier. Moulés sur une forme huilée, puis poncés et vernis, ces objets ont un aspect proche du bois.

Donnez libre cours à votre imagination et à votre fantaisie, les idées viennent avec la pratique. Les enfants adoreront déchirer les bandes de papier et mettre les mains dans la colle. Dans cet ouvrage, toutes les idées de réalisations ont une utilité, car rien ne vaut le plaisir de pouvoir se servir ou d'offrir un ob-

jet que l'on a créé soi-même. Lancez-vous, et il y a fort à parier que d'ici peu vous ne considérerez plus les choses du même œil : les cartons d'emballage ne vous sembleront plus inutiles et encombrants, les restes de papiers ne finiront plus à la poubelle et vous n'achèterez plus votre journal en pensant tristement qu'il finira au fond d'une corbeille à papier. Faire du neuf avec du vieux, c'est un état d'esprit, c'est une source de plaisir et, surtout, c'est une façon de retrouver des valeurs que notre société de consommation a quelquefois perdues. Retrouvez-les et, avec elles, un très grand bonheur.

Petite boîte en papier mâché moderne fabriquée en Inde. Ce pays utilise énormément ce matériau.

Les éléments de base

Carton de récupération

Kraft gommé

Papier journal

Colle à papier peint

Eau

La méthode la plus simple est de déchirer des bandes de papier journal que vous enduirez de colle à papier peint et avec lesquelles vous recouvrirez des formes en carton préalablement découpées et assemblées avec du kraft gommé.

L'autre méthode consiste à faire une pâte, à l'aide d'un robot ménager, avec du papier journal dans un mélange d'eau bouillante et de colle à papier peint. Les proportions sont très variables : commencez par un bol d'eau bouillante, quatre cuillerées à soupe de colle et trois pages de journal déchirées en bandes. Broyez, puis ajoutez peu à peu du papier jusqu'à obtention d'une pâte gluante dont vous pourrez également recouvrir des objets.

LE SAVOIR-FAIRE

Conseils pratiques

Le papier mâché est un matériau très économique qui permet de réaliser des objets de grande taille offrant une résistance étonnante.

C'est avec du carton que l'on fabrique les formes de base. Pour tous les objets, il est préférable de renforcer l'assemblage des jointures avec de la colle en tube, puis d'ajouter le kraft gommé.

Les différents cartons

Tous les cartons n'ont pas le même usage. Certains objets peuvent même nécessiter l'emploi de grillage.

- Le carton très épais est indispensable pour la réalisation des objets de grande taille, sinon tout risquerait de gondoler au séchage et vous obtiendriez un résultat très décevant.
- Le carton ondulé existe en deux épaisseurs et son usage est variable selon l'objet choisi.
- Le grillage permet de modeler des formes plus libres, qu'elles soient asymétriques, renflées ou gondolées. Il est d'abord recouvert de bandes de papier, puis de pâte.

Les outils de base

Installez-vous sur une surface plane qui ne craint pas les coups de cutter : un carton plein et épais ou une planche de bois.

- Un cutter et une règle en métal.
- Un crayon noir (éventuellement, un crayon blanc pour les papiers foncés), une gomme, un compas.
- Un tube de colle ordinaire.
- Une pince pour couper le grillage et le fil de fer.
- Des baguettes en bois pour surélever les objets qui doivent sécher.
- Des pinceaux.

Les formes particulières

Pour obtenir des formes autres que celles que peut donner le carton, vous pouvez utiliser des objets très simples faciles à trouver.

- Les ballons gonflables servent de base pour toutes les formes arrondies ou allongées. Ils ont l'avantage d'être très malléables et surtout de prendre la taille souhaitée.

- Des formes de polystyrène de toutes tailles, que ce soit des boules, des œufs, des cœurs. Des ampoules électriques usagées peuvent aussi constituer des formes de départ intéressantes, il suffira d'en briser la base lorsque le papier sera sec. Vous pouvez aussi utiliser des balles de ping-pong, des balles de tennis, des boules de Noël…

- Tous les saladiers, bols et autres récipients peuvent aussi servir de forme de départ. Il suffira de les enduire d'une bonne couche de vaseline afin de pouvoir les démouler correctement.

- Enfin, le fil de fer ou de laiton a de multiples usages : figurer les tiges de certains fruits, accrocher différents éléments entre eux, fixer les petites chaînes qui retiennent les couvercles des boîtes, mais aussi suspendre les ballons en cours de séchage…

La peinture

Avant de peindre un objet, il est toujours préférable de le recouvrir d'une couche d'apprêt pour support à peindre qu'on trouve dans tous les magasins de beaux-arts. Cette sous-couche masque bien le papier journal et évite qu'il ne boive toute la peinture. Vous pouvez utiliser de la gouache, de l'acrylique ou toute autre peinture à l'eau. Quand tout est bien sec, passez une couche de vernis qui préservera l'objet de l'humidité. Les vernis dits beaux-arts conviennent bien. Néanmoins, le vernis à bois est plus facile à trouver, plus économique et, en outre, existe en plusieurs teintes.

Les papiers de finition

Au lieu de peindre vos objets, vous pouvez choisir de les recouvrir de papiers. D'autant que l'on en trouve aujourd'hui de plus en plus jolis et de plus en plus variés.

Quel que soit le papier choisi, ne cherchez pas à recouvrir votre objet d'un seul tenant, vous n'obtiendriez pas un résultat satisfaisant. Déchirez-le en bandes, en rectangles ou en carrés plus ou moins égaux, vous aurez ainsi, en plus du motif du papier, des effets de matière très intéressants.

- Le papier kraft naturel ou teinté, dont vous pouvez utiliser les lignes dans des sens différents et les faire se chevaucher, mais aussi tous les papiers recyclés.

- Le papier de soie présente l'inconvénient d'être fragile, mais il existe dans des coloris très chatoyants. Il vaut mieux en disposer plusieurs couches les unes par-dessus les autres.

- Le papier japonais aura un rendu plus luxueux. Il est cependant difficile à déchirer. Il vaut mieux le découper ou l'utiliser en lui donnant un aspect chiffonné.

- Tous les papiers cadeaux dont vous pouvez adapter les motifs à la finalité de l'objet réalisé : houx et père Noël pour les boules, étoiles, boîtes à cadeaux, poupées, ours, pour les jouets ou meubles d'enfants…

- Et tout autre support en papier : vieilles lettres pour une boîte à courrier, anciennes partitions pour une boîte à musique…

Petites astuces

Plus vous mettez de couches de papier sur un objet, plus il sera solide. Mais attention, la multiplication des couches de papier présente aussi l'inconvénient de faire disparaître les détails des objets.

Pour obtenir des carrés ou des rectangles parfaits, il faut respecter un certain ordre dans l'assemblage des pièces.

Commencez par assembler les deux côtés de la taille que vous souhaitez obtenir au final avec le fond, ce qui donne la forme d'un U. Insérez ensuite les deux côtés les plus petits que vous aurez calculés en retranchant de la première mesure deux fois l'épaisseur du carton.

Les mesures qui sont données dans tous les plans de découpe sont calculées, sauf indication contraire, en fonction de l'épaisseur d'un carton de récupération classique. C'est la raison pour laquelle les plans de découpe spécifient des mesures au millimètre près. Faites attention à les modifier si vous n'avez sous la main que du carton de récupération particulièrement épais.

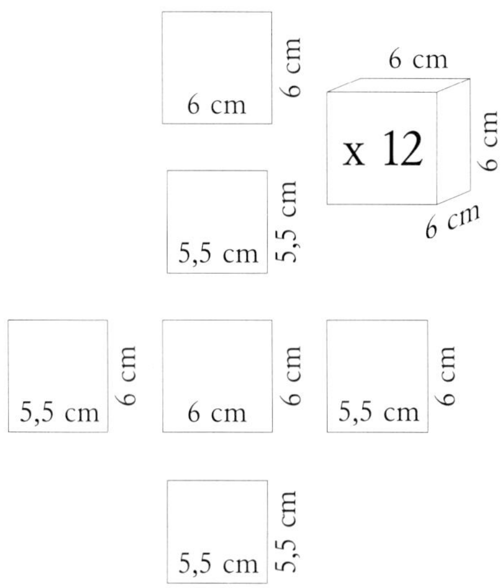

Les temps de séchage

Les temps de séchage peuvent varier sensiblement selon que vous travaillez dans un pièce plus ou moins chauffée.
Il est indispensable que la toute première couche sur un objet soit parfaitement sèche pour mettre les suivantes. En revanche, la troisième et la quatrième couche peuvent être posées en même temps. Radiateurs et sources de chaleur sont à proscrire absolument. Voici quelques problèmes que vous pouvez rencontrer et les solutions pour y remédier :

- Le ballon ci-dessus n'a pas reçu suffisamment de couches de papier et n'a donc pas conservé donc pas sa forme ronde lorsqu'il a été crevé. La solution est éventuellement de regonfler un nouveau ballon, de le glisser dans la forme et de recouvrir à nouveau de plusieurs couches de papier.

- Le carton gondole en général quand il sèche trop vite. La solution est souvent de poser une nouvelle couche sur la face dont les coins sont rentrants, de manière à corriger la mauvaise forme prise.

- Le ballon crève immanquablement au contact du grillage, c'est pourquoi celui-ci doit toujours être recouvert de plusieurs couches de papier avant d'être assemblé à un ballon.

- Le saladier ci-contre n'a été suffisamment enduit de vaseline et la pâte à papier a collé au démoulage. La solution est de recouvrir la forme de plusieurs couches de papier pour essayer de rattraper la forme qui n'est pas réussie.

7
12
PH.

JEUX D'ENFANTS

Jeu de cubes, zèbre et château…

Le château fort

Un vrai château avec tours, créneaux, chemins de ronde et pont-levis, qui peut accueillir toutes sortes de soldats.

Les tours

Découpez les pièces des cinq tours selon le schéma. Découpez les formes des portes quand les pièces sont encore à plat.

Assemblez la tour en lui donnant sa forme cylindrique. Collez les jointures avec de la colle puis du papier kraft. Enfin, selon la même méthode, collez le sol.

Pour former le haut de la tour, mettez d'abord en place, avec de la colle, la bande A qui n'est pas crénelée.

Les cinq tours n'étant pas toutes de la même taille, prenez garde à assembler les bonnes bandes sur les bonnes tours.

Collez ensuite la bande B, qui, elle, est crénelée, en la décalant de quelques millimètres vers le haut par rapport à la bande A.

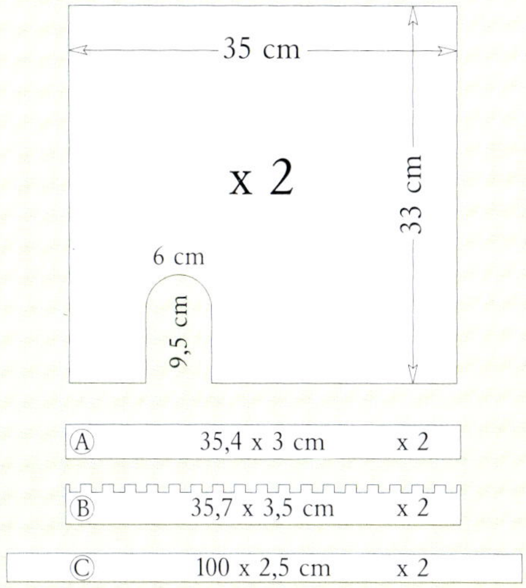

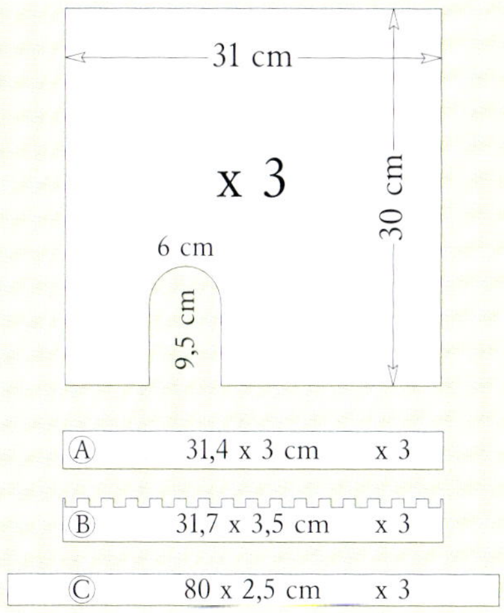

Plan de découpe

Pour les fournitures supplémentaires, voir encadré page 22.

Ajoutez enfin la bande C à l'intérieur de la tour. C'est cette dernière qui formera le chemin de ronde.

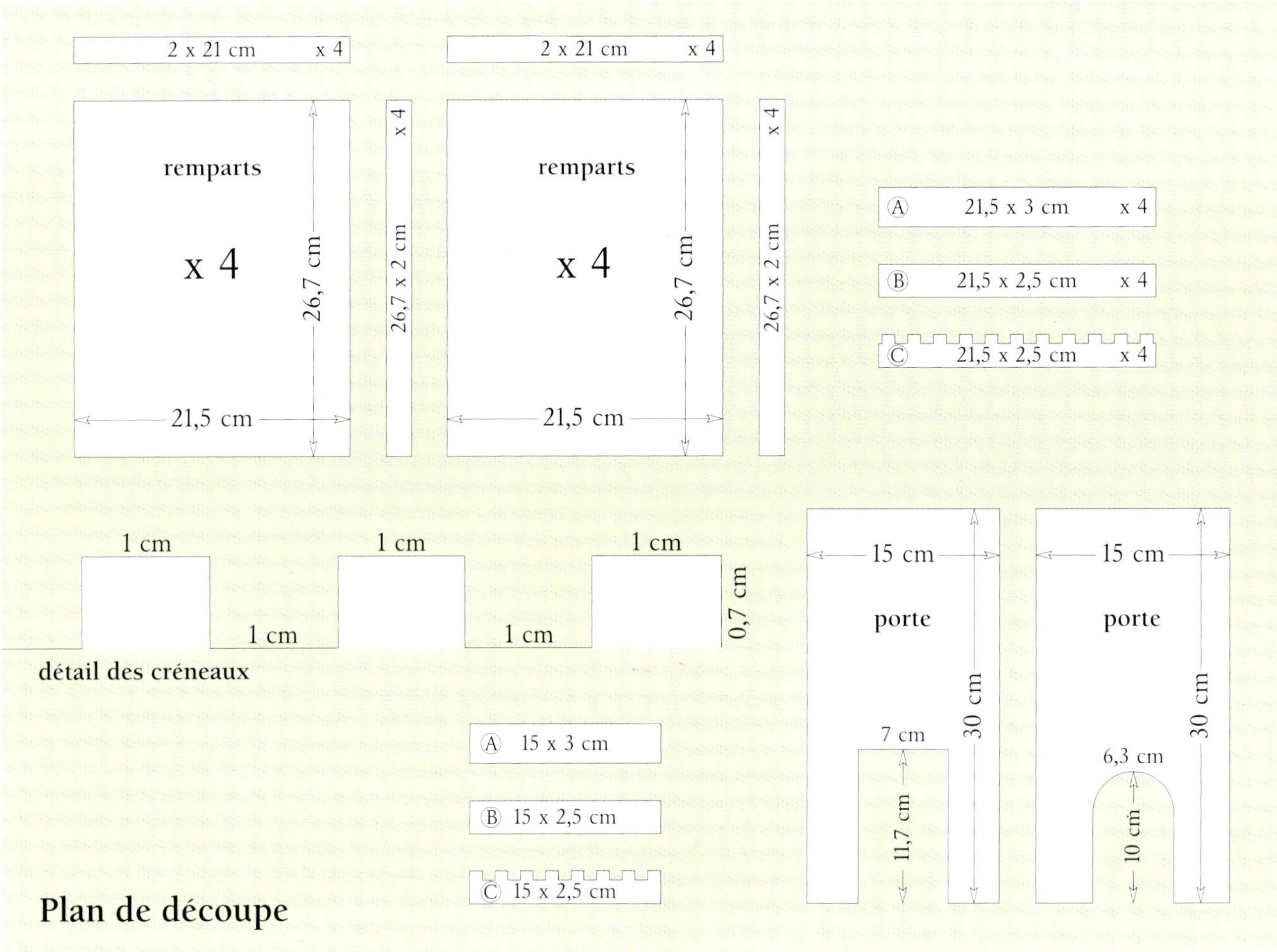

Les *remparts*

Découpez les pièces des cinq remparts. Conservez de côté les pièces correspondant au rempart de la porte d'entrée du château.

Assemblez les pièces des quatre autres remparts, d'abord avec de la colle aux jointures et ensuite du kraft gommé, de manière à former quatre boîtes identiques. Collez la première bande, non crénelée, en ne la fixant qu'avec de la colle.

Collez ensuite la bande B, non crénelée, et enfin la bande C, crénelée. Décalez-les chacune de quelques millimètres vers le haut.

Procédez à l'assemblage du rempart de la porte d'entrée qui n'est pas une boîte, mais deux pièces collées l'une sur l'autre. Veillez à avoir découpé les formes de la porte, l'une en rectangle et l'autre arrondie, avant le collage. Conservez bien la forme arrondie qui formera le pont-levis.

La mise en place des créneaux se fait de la même façon que pour les remparts précédents.

L'assemblage du château

Recouvrez chacun des éléments de trois ou quatre couches de papier journal, en laissant bien sécher entre chaque couche. Commencez par l'intérieur ou l'extérieur, mais ne faites pas les deux en même temps, au risque de tout faire gondoler.

Procédez à l'assemblage de toutes les pièces du château à l'aide de papier kraft gommé. Commencez par le rempart de la porte d'entrée et fixez les deux plus grandes tours de chaque côté, puis fixez un autre rempart à côté de chaque tour, et ainsi de suite jusqu'à fermeture complète de l'ensemble.

Lorsque tout est solidement fixé, posez le château sur un carton et décalquez tout son pourtour avec un crayon. Découpez la forme ainsi obtenue, qui formera le sol. Déposez un filet de colle tout autour, mettez le château en place et complétez le collage avec du kraft gommé.

Recouvrez ensuite le sol, à l'intérieur des tours, mais aussi en dessous, de trois ou quatre couches de papier journal. En faisant cette opération, faites remonter votre papier journal sur les remparts et les tours, de manière à solidifier l'ensemble.

Laissez 2 à 3 millimètres de jeu entre la base du pont-levis et le pas de la porte, de manière qu'il puisse s'ouvrir et se fermer facilement, et fixez-le avec du papier collant entoilé épais mais souple.

Recouvrez de deux couches de papier mais faites attention à ne pas recouvrir de papier l'endroit de la jointure du pont-levis afin de conserver sa souplesse.

Percez deux trous, sur le pont et aux coins de la porte, qui permettront de fixer la chaîne.

Pour recouvrir les créneaux de papier d'une manière satisfaisante, recouvrez-les entièrement d'une bande de papier et recoupez chaque créneau au cutter. Servez-vous du manche d'un pinceau fin pour mettre le papier en place.

Si les côtés latéraux ne sont pas suffisamment recouverts, ajoutez une toute petite bande de papier entre les créneaux puis rabattez-la sur le devant et le derrière du créneau.

Vous pouvez donner à votre château des proportions différentes de celles proposées ici. Veillez cependant à ce que les tours soient assez grandes pour pouvoir y glisser votre main et les recouvrir de papier à l'intérieur.

Les finitions

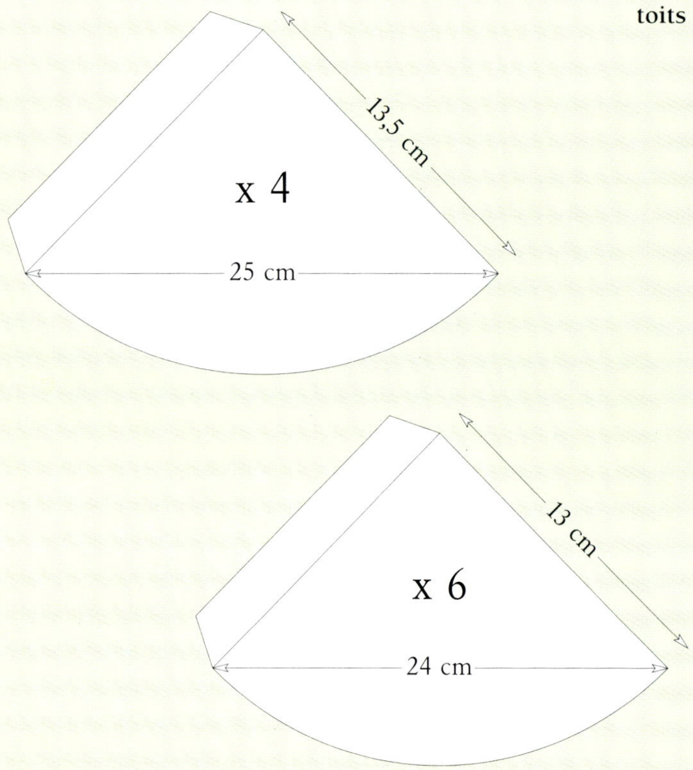

Plan de découpe

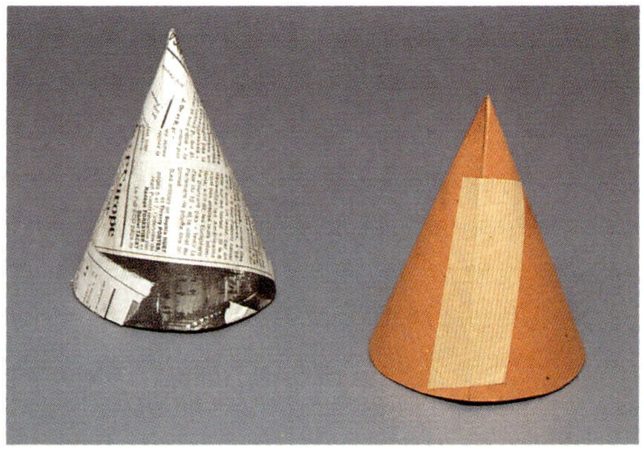

Découpez les cônes dans du carton très souple, du genre bristol, pour parvenir à leur donner leur forme. Chaque toit est constitué de deux cônes emboîtés l'un dans l'autre.

Compte tenu des déformations et des couches de papier que vous allez ajouter, le diamètre des toits doit être plus petit que le haut de la tour. Lorsque vos mesures sont prises, collez avec du kraft gommé. Recouvrez de deux couches de papier. Quand tout est sec, peignez ou recouvrez d'un papier plus foncé que celui utilisé pour le château.

Les petites fournitures pour les finitions

- Vous pouvez décorer l'entrée du château avec la photocopie d'un écusson peint ou colorié.
- Les chaînes du pont-levis sont de petites chaînes qui servent habituellement à la fabrication des bijoux.
- Les fanions sont de simples morceaux de papier découpés et collés sur des allumettes.

Pour donner au château un aspect « pierre », recouvrez l'intérieur et l'extérieur d'une couche de papier gris, type papier recyclé, que vous déchirez en carrés et en rectangles de tailles inégales.

Faites attention, la finition du château nécessite une quantité importante de papier : pour celui-ci, six feuilles de papier recyclé de format raisin (64 x 50) ont été utilisées.

JEUX D'ENFANTS

Les transports

En bus ou en locomotive, avec tous ses wagons, les peluches et les poupées pourront faire des voyages extraordinaires.

Le *bus anglais*

Découpez les pièces selon le schéma de la page suivante et évidez toutes les fenêtres et la porte quand les morceaux de carton sont encore à plat.

Assemblez le fond et les deux côtés avec du kraft gommé, puis ajoutez l'arrière.

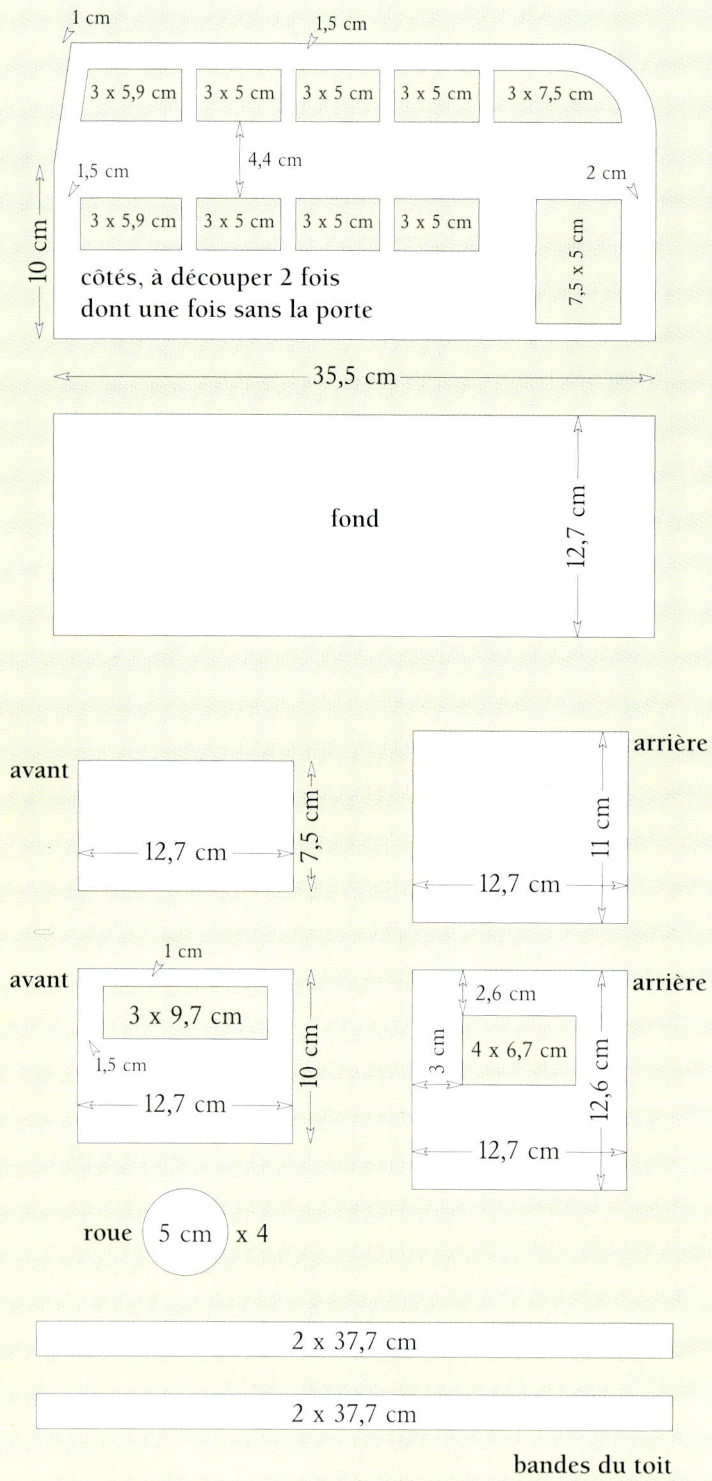

Plan de découpe

Fournitures supplémentaires :
– des brochettes en bois pour faire les essieux des roues.

Assemblez l'avant ainsi que la première pièce formant le toit sur l'arrière du bus. Collez ensuite les deux grandes bandes de carton ondulé pour finir le toit.

Prélevez, dans un rectangle de carton ondulé, deux cannelures que vous séparerez l'une de l'autre et dans lesquelles seront passées les brochettes en bois qui assureront le mécanisme des roues (voir la dernière photo des wagons page 27).

Ajustez les deux cannelures à la largeur du fond du bus et collez-les, avec de la colle, à un quart de la longueur totale environ, de chaque côté.

Recouvrez l'ensemble du bus de trois couches de papier.

Découpez les roues dans du carton très épais et recouvrez-les de deux couches de papier et, quand elles sont sèches, fixez-les, en leur centre, sur les brochettes.

Collez sur chaque bout de brochette une petite boule de papier qui fera office d'enjoliveur.

Quand tout est bien sec, passez l'apprêt, peignez et vernissez.

Si vous n'avez pas, pour les objets qui le nécessitent, de carton très épais, vous avez toujours la possibilité de découper la forme souhaitée en deux ou trois exemplaires dans un carton plus fin, puis de les assembler avec de la colle et du kraft gommé.

La locomotive

Découpez, fenêtres comprises, toutes les pièces selon le schéma de la page suivante.

Assemblez d'abord la cabine du conducteur avec du kraft gommé.

Assemblez ensuite le parallélépipède et le cylindre de la chaudière de la locomotive et collez-les l'un sur l'autre.

Enfin, assemblez la cheminée, qui est formée d'un cylindre surmonté d'une petite bande de carton.

En dernier lieu, formez le petit cône du nez de la locomotive, qui sera découpé dans du carton fin.

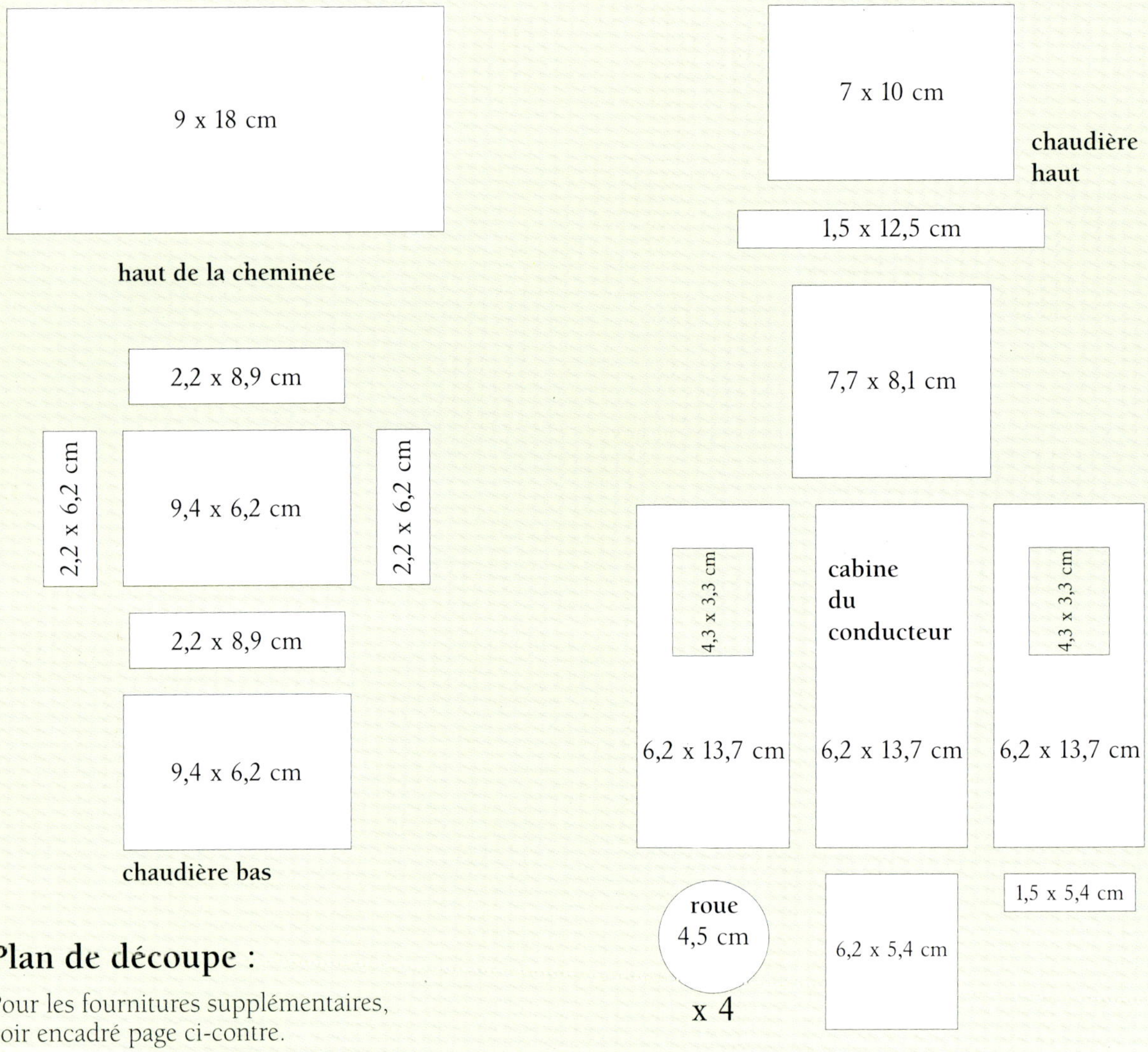

Plan de découpe :

Pour les fournitures supplémentaires, voir encadré page ci-contre.

En posant les couches successives de papier journal, pensez à bien marquer les angles et les détails, de manière à ne pas trop altérer la forme initiale des objets.

Assemblez le tout avec du kraft gommé et n'oubliez pas de fixer une petite attache de fil de fer qui servira à accrocher le wagon (voir encadré page ci-contre).

Fixez les roues selon la méthode employée pour le bus (pages 24 et 25) et les wagons (page ci-contre).

Recouvrez l'ensemble de deux couches de papier.

Les wagons

Assemblez le fond et les deux côtés avec du kraft gommé, puis ajoutez le devant et le dos du wagon.

Ajoutez le toit et fixez, sur l'avant, un petit crochet à vis à extrémité arrondie et, sur l'arrière, une attache en fil de fer qui serviront à accrocher les wagons les uns aux autres.

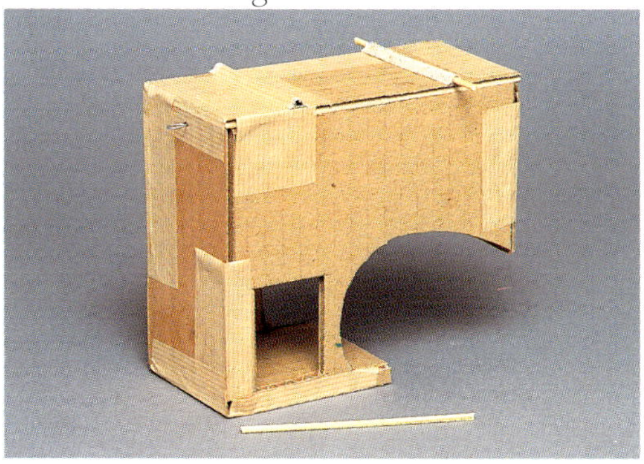

Prélevez deux cannelures dans un rectangle de carton ondulé, séparez-les, ajustez-les à la largeur du fond du wagon et collez-les avec de la colle.

Découpez les roues et préparez des brochettes en bois. Ces explications sont données en détail pour le bus pages 24 et 25.

Recouvrez l'ensemble du train de deux couches de papier à l'intérieur et à l'extérieur. Passez l'apprêt, peignez et vernissez.

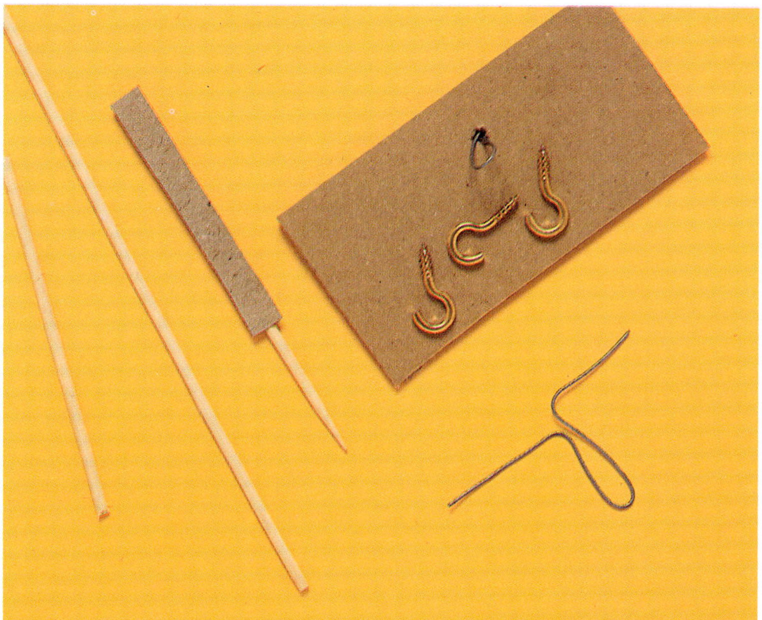

Fournitures supplémentaires :

- des brochettes en bois pour faire les essieux des roues ;
- du fil de fer, pour faire les attaches que l'on fixe à l'arrière de la locomotive et des wagons, et des petits crochets à vis à extrémité arrondie, qui sont fixés à l'avant des wagons et viennent s'accrocher dans les attaches de fil de fer.

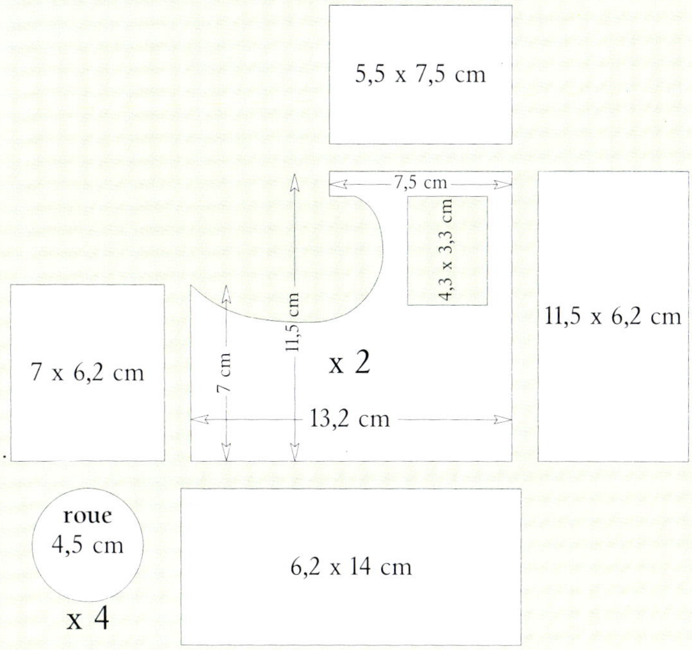

Plan de découpe

8
7
6
5
4
3
2
1
A
B
C
D
E

Le zèbre

Avec un peu d'imagination,
vous pourrez créer pour vos enfants un zoo
fantastique dans lequel les animaux
n'ont pas besoin de ressembler aux vrais.

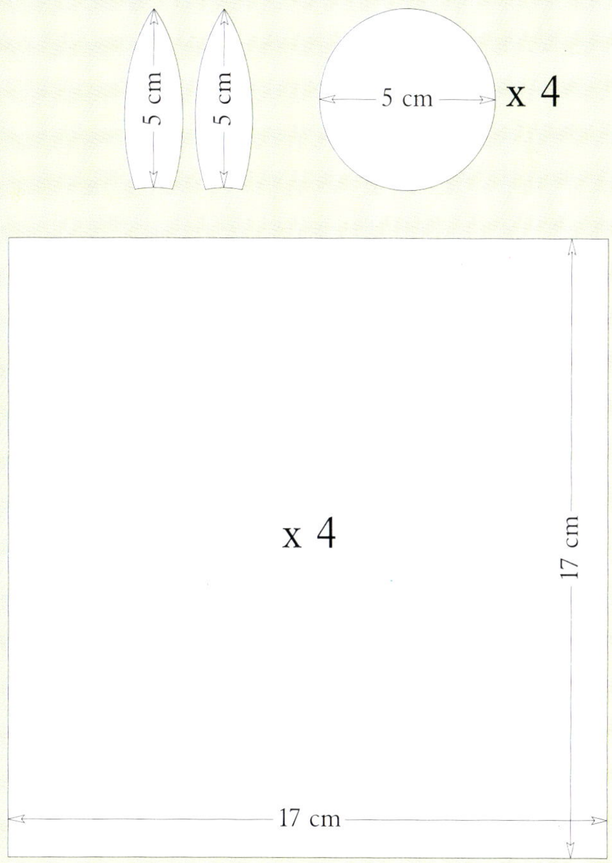

Plan de découpe

Lissez bien toutes les couches de papier, notamment sur la crinière et le museau, pour éviter les cloques et ne pas perdre la forme initiale de l'animal.

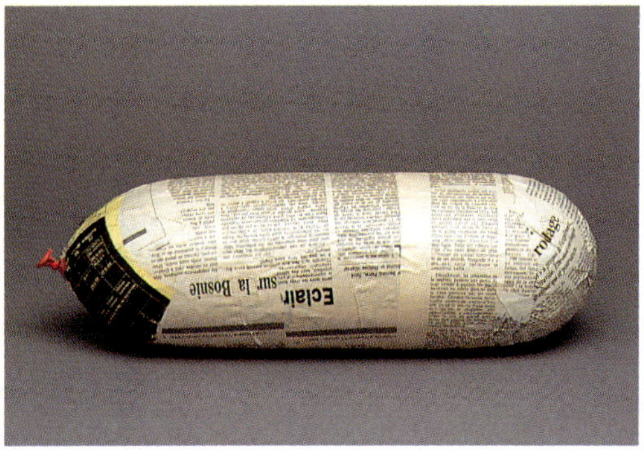

Gonflez un ballon allongé et couvrez-le en entier de six couches de papier que vous pouvez poser deux par deux. Faites sécher le ballon en le suspendant avec une ficelle ou un fil de fer.

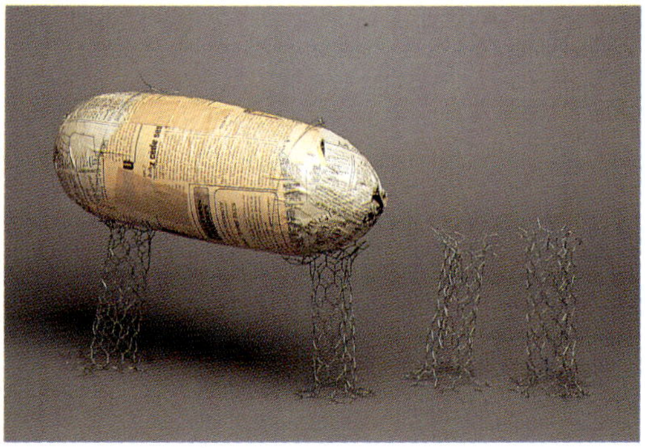

Découpez les carrés de grillage pour les pattes et formez des cylindres que vous lierez avec du fil de fer. Évasez un peu le haut de chaque cylindre et attachez-les au ballon avec un fil de fer qui passera dans le haut du grillage et s'attachera sur le dessus du ballon.

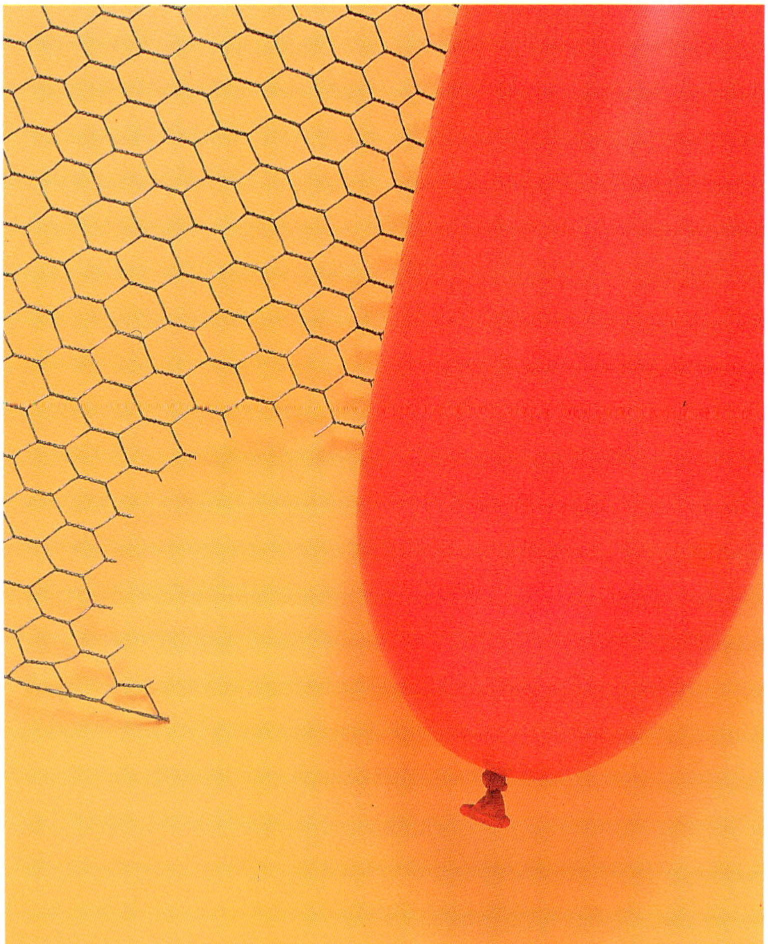

Les fournitures de base :

- un ballon en longueur bien gonflé pour faire la base du corps de l'animal ;
- du grillage pour la forme de base des pattes. Faites attention à ne pas mettre le ballon en contact direct avec le grillage, il se crèverait immédiatement.

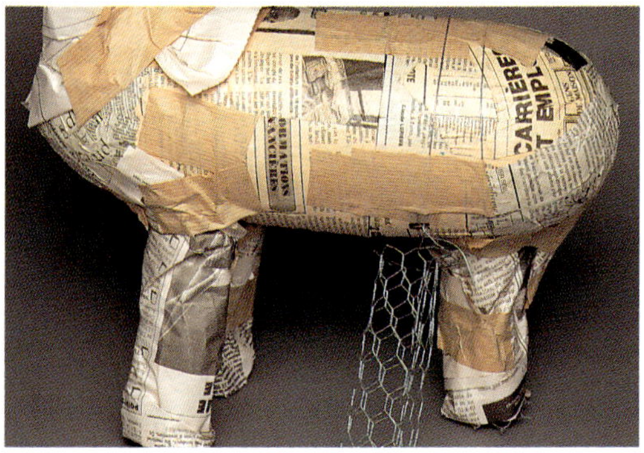

Recouvrez les pattes de deux couches de papier en insistant bien sur les jointures avec le ballon pour solidifier et adoucir les formes.

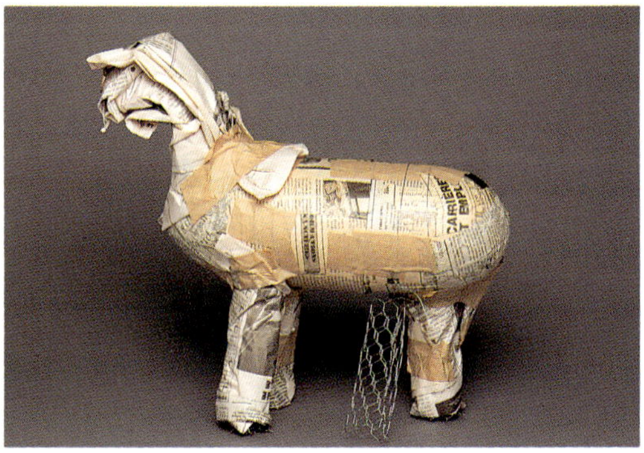

Faites une première ébauche de la tête et du cou en froissant du papier journal que vous fixerez avec du kraft gommé, puis recouvrez de deux couches de papier qui peuvent être posées l'une sur l'autre sans séchage intermédiaire.

Si vous avez des difficultés à obtenir une forme satisfaisante, aidez-vous d'une photographie ou d'un dessin représentant un zèbre.

Positionnez puis collez avec du kraft gommé la crinière définitive, qui se fait avec du papier journal plié et non froissé. Ajoutez ensuite du papier sur le museau pour l'affiner et lui donner de bonnes proportions par rapport à la taille de la crinière.

Collez les oreilles sur la tête et les rondelles de carton sous les pieds pour cacher le grillage. Ajoutez par endroits, si nécessaire, des couches de papier pour finaliser la forme du corps, puis recouvrez de deux couches de papier sur l'ensemble de l'animal.

Ni recouvert ni peint, votre zèbre peut paraître d'une forme bizarre. Ne vous inquiétez pas, des yeux et des zébrures réussis changent complètement l'aspect final.

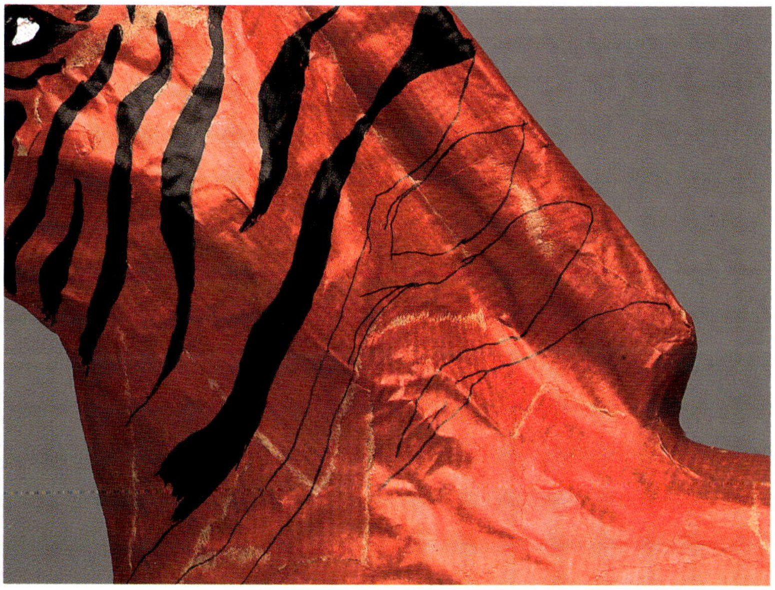

Pour les finitions, recouvrez d'une couche de papier kraft rouge déchiré en petits carrés et en petites bandes de tailles différentes. Faites attention à bien lisser le papier pour qu'il n'y ait pas de cloques et que le papier décoratif épouse bien les formes du dessous.

Ajoutez une queue tressée de raphia que vous pourrez peindre et au bout de laquelle vous laisserez des brins libres. Fixez-la avec un petit morceau de fil de fer que vous enfoncerez dans l'épaisseur du papier.

Tracez d'abord les zébrures, les yeux et le nez au feutre en vous inspirant des modèles ci-contre et de la grande photo de la page précédente. Faites plusieurs essais pour les yeux, qui sont très importants, car ils participent beaucoup à la personnalité qui va se dégager de l'animal quand il sera terminé.

Utilisez plutôt de l'acrylique, qui ne coule pas du tout et sèche très vite, ce qui vous permettra de peindre tout le zèbre en une seule fois.

Si vous désirez le vernir pour le conserver plus longtemps, utilisez un vernis mat pour ne pas perdre les effets de matière que donnent le kraft déchiré et la peinture acrylique.

Maxou
pilote

Les meubles de poupée

Les petites filles vont vraiment pouvoir jouer à la maman.

Les finitions

Un objet peut changer du tout au tout selon le style de papier décoratif que vous poserez : papier cadeau, papier recyclé, restes de papier peint... Pensez aussi à utiliser des photocopies en noir et blanc, que vous colorierez ou que vous peindrez, ou des photocopies en couleurs si vous avez la possibilité d'en faire.

L'étagère

Découpez les formes selon le schéma de la page 34. Assemblez les côtés, le dessus et le dessous de l'étagère avec du kraft gommé, puis fixez les étagères ; le tout est en double épaisseur. Posez ensuite le fond et collez-le avec du kraft gommé.

Mettez en place la corniche et le socle de l'étagère avec du kraft gommé.

Recouvrez le tout de trois couches de papier.

Lorsque tout est bien sec, recouvrez d'une dernière couche de papier décoratif, papier peint ou papier cadeau, qui sera déchiré en carrés et en rectangles de tailles inégales.

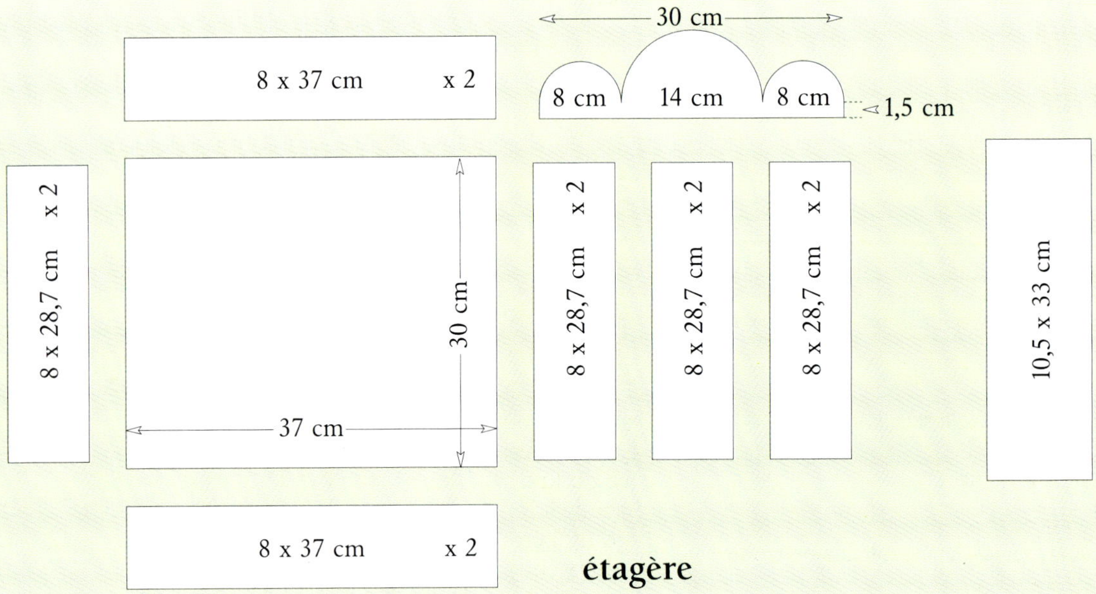

étagère

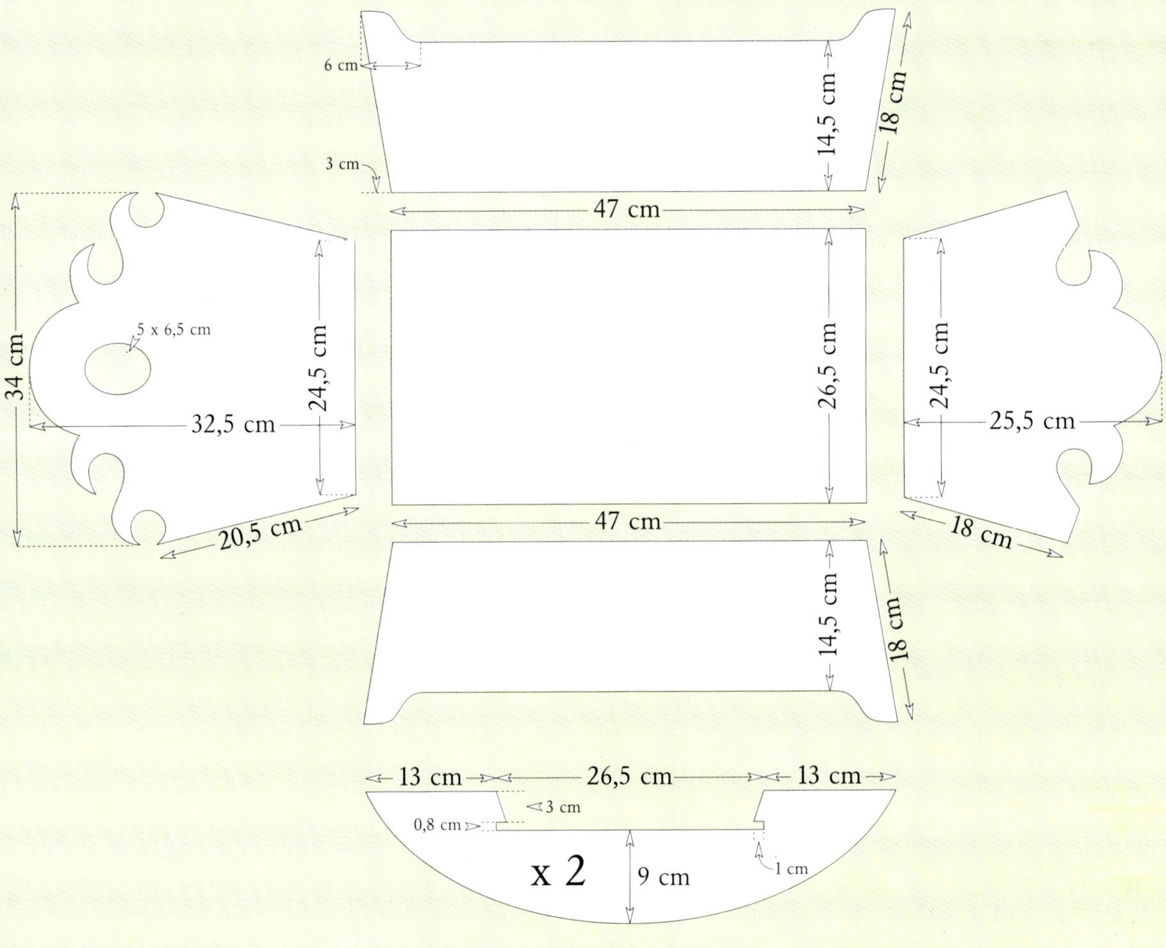

Plans de découpe **berceau**

Le *berceau*

Assemblez les quatre côtés, puis rapportez le rectangle du fond et collez-le solidement avec du kraft gommé.

Posez deux couches de papier, à l'intérieur puis à l'extérieur, en utilisant des bandes longues et minces pour les découpes.

Couvrez chacune des deux bascules de deux couches de papier, puis fixez-les avec du kraft gommé sur le fond du berceau, chacune à 3 centimètres environ de chaque bord du berceau. Recouvrez l'ensemble de deux couches de papier en insistant sur les jointures avec les bascules.

Pour créer d'autres meubles, armoire, commode, bibliothèque ou table, pensez à regarder les meubles de votre maison : inspirez-vous de la forme des portes ou des chapiteaux.

Couette et oreiller

Pour que le berceau soit complet, placez dans le fond un petit matelas de tissu blanc bourré de kapok.
Bien sûr, une couette et un oreiller sont indispensables.

Fixez une boule de cotillon de grosse taille avec de la colle à chaque extrémité des deux bascules et consolidez avec du kraft gommé, puis recouvrez uniquement cette partie d'une couche de papier.

Passez l'apprêt et peignez, en soulignant d'un filet de couleur qui s'amincira aux extrémités, les découpes du berceau. Vernissez ensuite, pour une meilleure conservation, en appliquant une couche supplémentaire sur le dessous des bascules.

Le jeu de cubes

Des petits jouets tout simples pour apprendre à compter, à reconnaître les lettres, les objets, les fruits, les légumes... Vous pouvez aussi personnaliser le jeu en fonction des centres d'intérêt de votre enfant.

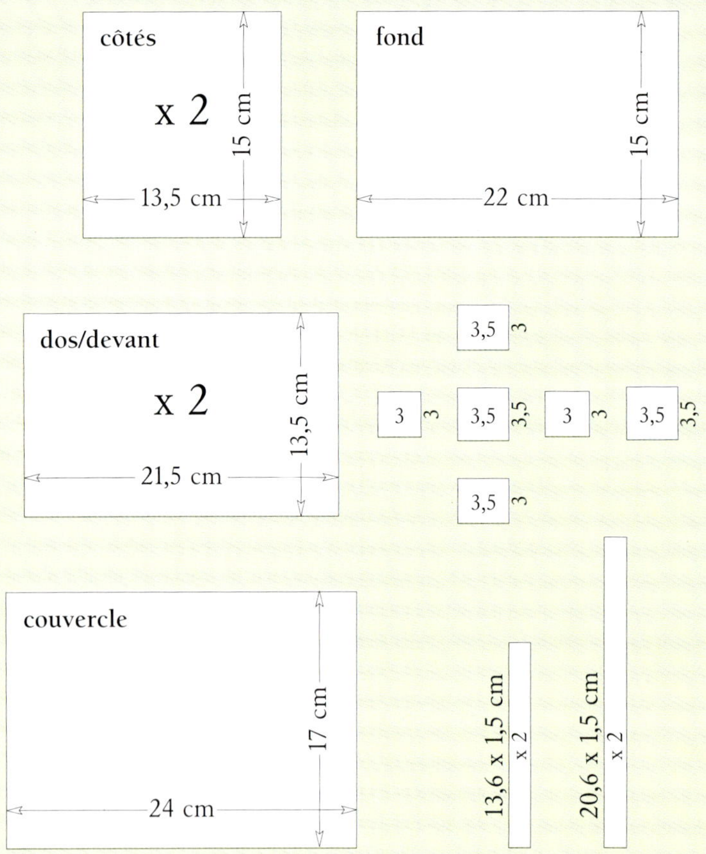

Plan de découpe

La boîte

Découpez toutes les pièces selon le schéma ci-contre. Assemblez le dos, le devant et le fond avec du kraft gommé. Insérez et assemblez ensuite les deux côtés plus petits. Recouvrez le tout de deux couches de papier.

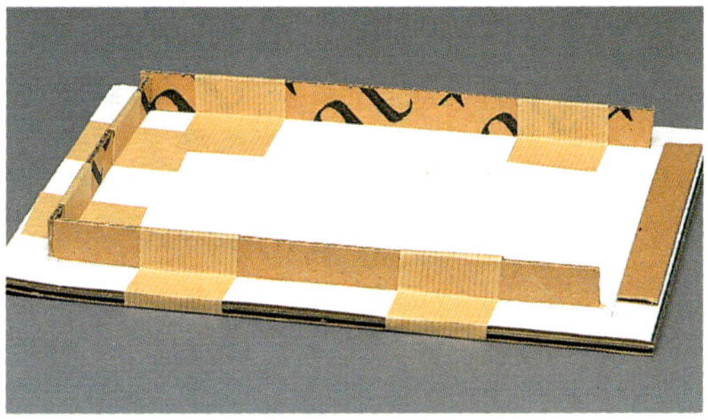

Posez le fond de la boîte au centre du couvercle et dessinez-en le contour, ce qui vous donnera un repère pour l'emplacement des bandes de carton assurant une bonne fermeture. Compte tenu des deux couches de papier que vous allez ajouter, fixez ces deux bandes en les décalant d'un demi-centimètre vers l'intérieur du couvercle.

Assemblez le petit cube qui servira de poignée et collez-le avec du kraft gommé au centre du couvercle. Recouvrez le tout de deux couches de papier.

Laissez sécher, passez l'apprêt, peignez et vernissez.

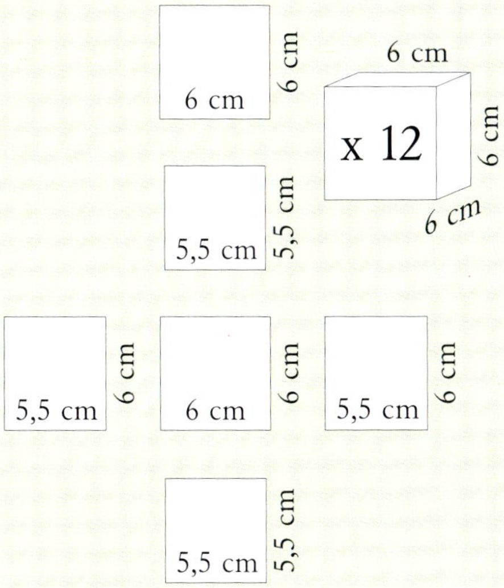

Plan de découpe

Fournitures supplémentaires :
– des photocopies en noir et blanc et en couleurs, pour le décor.

Les *cubes*

Assemblez les cubes avec du kraft gommé en commençant par le fond, qui est un des deux grands carrés. Collez les quatre côtés, puis fermez le cube avec l'autre grand carré.

Recouvrez de trois couches de papier.

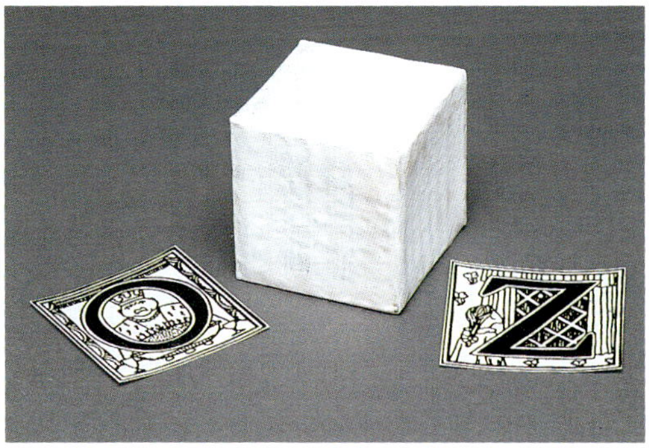

Laissez sécher et passez l'apprêt. Décorez les cubes avec des photocopies de lettres, de chiffres ou de sujets, que vous pouvez peindre ou colorier. Posez deux couches de vernis afin de pouvoir les nettoyer à l'éponge.

L'île au trésor

Décorez la chambre de vos enfants avec un coffre à jouets digne de Robinson Crusoé et un fauteuil de nabab.

Le *coffre à jouets*

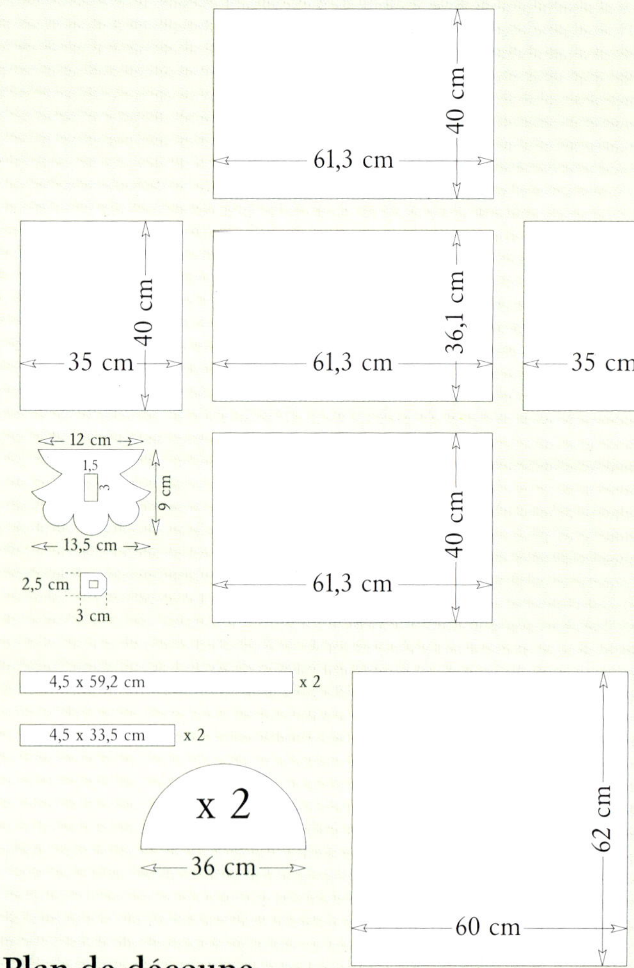

Plan de découpe

Assemblez le fond du coffre comme une boîte ordinaire. Recouvrez l'intérieur, puis l'extérieur de trois couches de papier. Pour éviter les déformations, il est recommandé de procéder par étapes.

Préparez plusieurs rouleaux de papier et fixez-les tout autour du coffre, en haut et en bas, avec des bandes de kraft gommé.

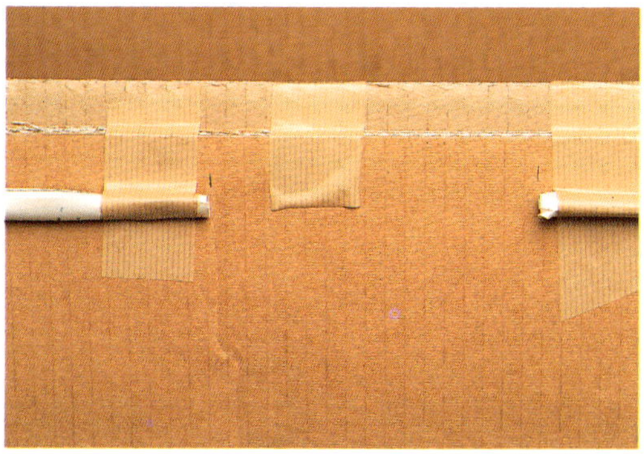

Sur la face avant du coffre et au milieu, laissez une surface d'une vingtaine de centimètres qui recevra la serrure.

Assemblez le dessus du coffre, qui sera en carton ondulé, avec du kraft gommé, en lui donnant un arrondi qui épouse le plus possible la forme en carton épais des deux côtés. N'hésitez pas à multiplier les bandes de kraft gommé pour que le tout tienne bien ensemble.

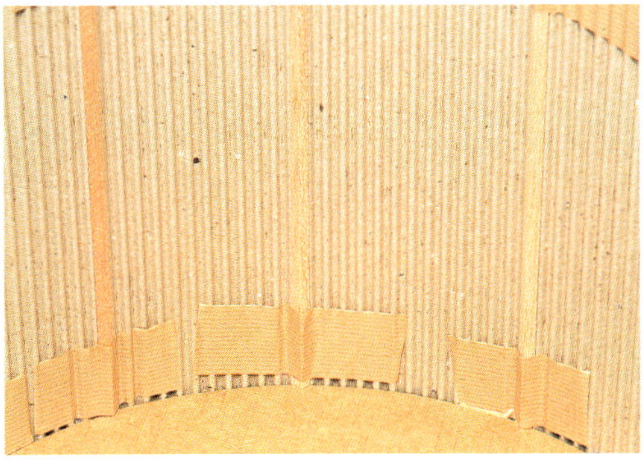

Quand le couvercle est assemblé, renforcez son arrondi en collant à l'intérieur des baguettes de balsa sur toute la longueur. Espacez les baguettes de 8 à 10 centimètres et maintenez-les avec du kraft gommé que vous collerez transversalement aux extrémités puis de manière à recouvrir la baguette sur toute sa longueur.

Tous les problèmes que vous pouvez rencontrer sont répertoriés en pages 14 et 15. Pensez à vous y reporter.

Collez ensuite avec du kraft gommé les bandes de carton qui figureront les ferrures du coffre.

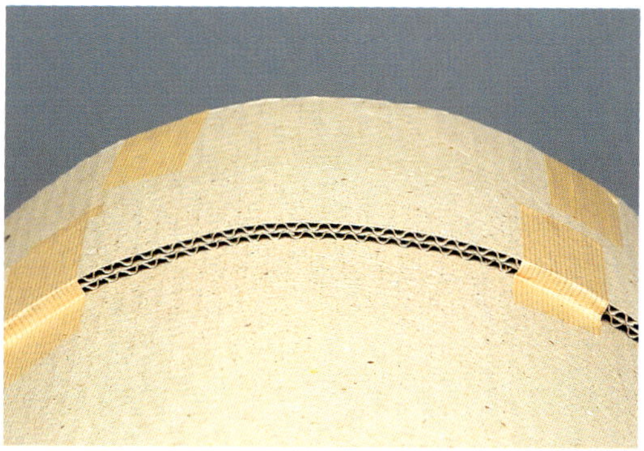

Les ferrures doivent être placées à une quinzaine de centimètres de chaque extrémité du coffre.

Les systèmes de fermeture

Pour le modèle réalisé ici, la fermeture du coffre a été faite en papier mâché, mais vous pouvez aussi mettre des fermoirs du type de ceux utilisés en maroquinerie. Ils se trouvent très facilement dans les magasins vendant des fournitures pour l'artisanat et les travaux manuels ou au rayon bricolage des grandes surfaces.

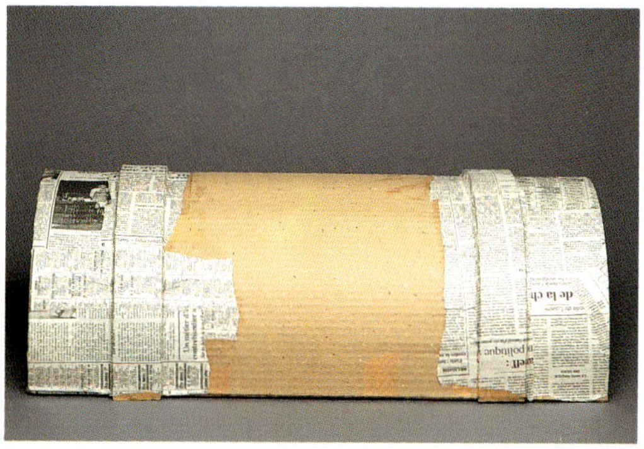

Recouvrez le couvercle petit à petit pour éviter les déformations : commencez par une couche sur les côtés et les ferrures, puis laissez sécher. Procédez aussi en deux temps pour l'intérieur. Afin que le couvercle conserve bien sa forme, faites-le sécher en le faisant reposer sur le corps du coffre, dans sa position finale. Dans le même temps, recouvrez de deux couches de papier la forme de la serrure.

Mettez en place la patte de fermeture avec du kraft gommé, puis posez la serrure qui sera collée avec du papier collant entoilé sur le couvercle, de manière à pouvoir bouger. Recouvrez ces endroits de deux couches de papier et, quand tout est bien sec, recouvrez de carrés de kraft naturel déchirés.

La chaise d'enfant

Découpez les deux pièces du dossier et assemblez-les l'une sur l'autre avec une multitude de petites bandes de kraft gommé.

Pour obtenir un bon arrondi, recouvrez le devant de quatre couches de papier et l'arrière d'une seule couche. Faites sécher bien à plat par terre.

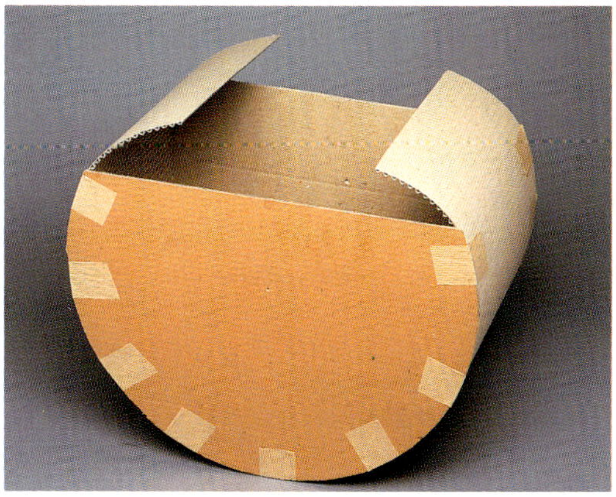

Assemblez l'assise du fauteuil qui a la forme d'un tambour avec du kraft gommé. Vous avez intérêt à prendre du carton très épais pour que l'ensemble soit bien solide.

Recouvrez en plusieurs fois l'intérieur et l'extérieur de manière à conserver la forme, mais ne recouvrez pas les deux languettes qui dépassent, elles serviront à fixer l'assise au dossier et doivent rester souples. Il faut mettre un minimum de quatre couches de papier si vous souhaitez qu'un enfant puisse s'asseoir sur le fauteuil.

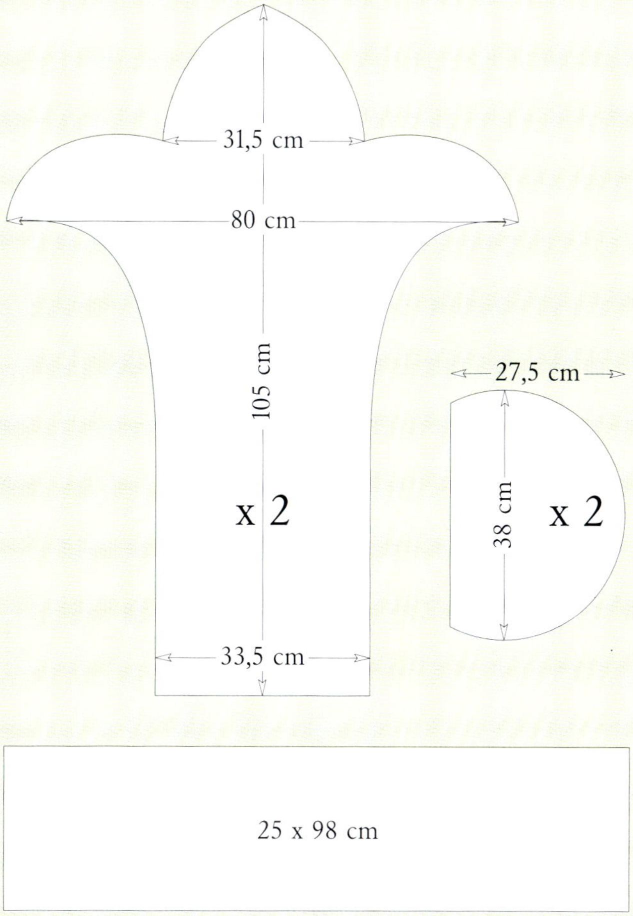

Plan de découpe

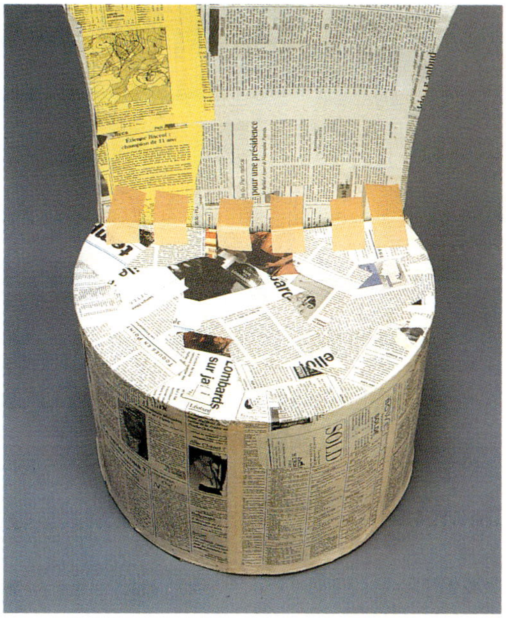

Assemblez le dossier et l'assise avec du kraft gommé en rabattant les deux languettes qui n'ont pas été recouvertes sur l'arrière du dossier. Consolidez bien le tout avec du kraft gommé, puis recouvrez l'ensemble de deux ou trois couches de papier.

La finition se fait avec du kraft vert déchiré en rectangles de tailles différentes. Vous pouvez ajoutez des filets dorés tout autour.

JOURS DE FÊTE

Chapeau, citrouille et marionnettes...

JOURS DE FÊTE

Un décor de Noël magique

Petits ou grands, mettez des sapins dans toutes les pièces de votre maison et variez les décors à l'infini.

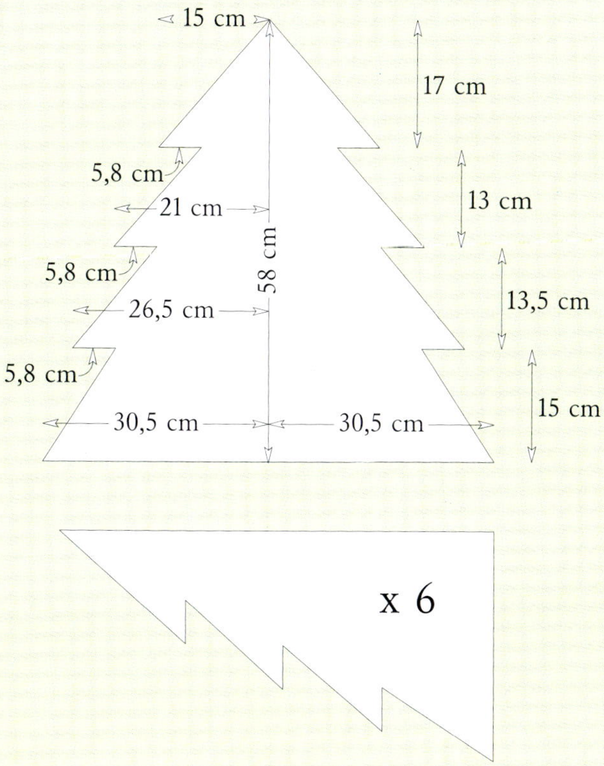

Plan de découpe

Fournitures supplémentaires :
– des petits crochets à vis à extrémité arrondie.

Le sapin

À partir de la forme entière, fixez perpendiculairement une demi-forme de chaque côté avec du kraft gommé. Intercalez ensuite les quatre formes restantes. Attention à ne pas décaler les branches à la base, afin que l'ensemble tienne debout.

Recouvrez de trois couches de papier, puis vissez des petits crochets dans l'épaisseur du papier. Consolidez leur fixation avec une bande de papier que vous enroulerez autour de leur base et peignez-les en vert. Recouvrez d'une dernière couche de papier kraft vert déchiré en carrés et en rectangles inégaux.

Les boules

Coupez des morceaux de ruban d'une bonne vingtaine de centimètres de longueur. N'utilisez pas des rubans trop larges.

Pliez-les en deux et fixez chaque extrémité sur la boule à l'aide de papier kraft.

Recouvrez d'une couche de papier journal, puis d'une couche de papier cadeau, déchirés de manière inégale. L'objet étant petit, la finition sera plus jolie si vous faites correspondre approximativement les motifs.

L'étoile

Découpez les deux formes, emboîtez-les l'une dans l'autre, puis collez-les avec du kraft gommé.

Recouvrez l'étoile de une ou deux couches de papier en marquant bien les arêtes.

Si vous désirez suspendre l'étoile, faites un petit trou pour pouvoir y passer un fil.

Finissez en recouvrant d'une couche de papier doré ou argenté. Marquez toujours bien les arêtes avec le doigt pour que l'étoile conserve sa forme.

Les formes de base

Les meilleures formes de base pour les boules de Noël sont les boules en polystyrène expansé que l'on trouve très facilement et qui ne coûtent pas cher. Dans cette matière, il existe également des couronnes, des cœurs, des œufs, qui peuvent être recouverts de la même manière. Mais le papier mâché étant le domaine de la récupération, pensez aussi à utiliser des balles de ping-pong, de vieilles balles de tennis ou même des boules de Noël qui ne vous plaisent plus.

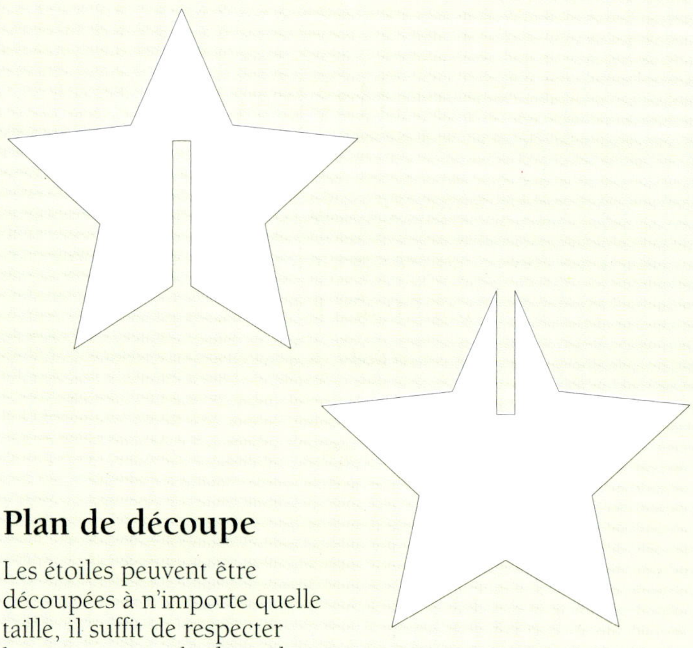

Plan de découpe

Les étoiles peuvent être découpées à n'importe quelle taille, il suffit de respecter les proportions des branches.

JOURS DE FÊTE

Fêtez Halloween

Le 31 octobre, c'est la fête des enfants par excellence, déguisés en lutins ou en sorcières, ils réclament des bonbons au cri de « Trick or treat ! », farce ou régal.

La citrouille

Gonflez un ballon et coincez-le entre deux étagères avec un pot ou un bocal sur le dessus, afin de lui donner la forme un peu allongée d'une citrouille.

Vous pouvez trouver que les objets ont une forme curieuse quand ils ont reçu toutes les couches de papier mais ne sont pas encore colorés : la peinture de finition leur donne une vraie vie et arrange bien les choses.

Le ballon ainsi bloqué, recouvrez-le de six couches de papier, que vous poserez deux par deux. Si vous n'arrivez pas à atteindre l'arrière du ballon, vous pouvez le tourner délicatement sur lui-même. L'emplacement occupé par le pot et le fond de la citrouille ne seront pas recouverts de papier.

Lorsque tout est bien sec, retirez le pot, percez le ballon et égalisez les bords des ouvertures avec un cutter ou des ciseaux.

Fournitures supplémentaires :

- une douille avec câble et prise de courant, que vous trouverez toute montée dans le commerce ;
- du papier de soie, de couleur vive, qu'il est nécessaire de mettre devant les yeux et la bouche de la citrouille afin de masquer le socle et son ampoule ou la lampe de poche ;
- et, bien sûr, des bonbons, car il n'y a pas de Halloween sans bonbons à donner aux enfants.

Posez votre citrouille sur un morceau de carton et dessinez approximativement le diamètre du fond. Sur la base de cette mesure, tracez un rond bien net avec un compas. Tracez au centre un autre rond de 4 centimètres de diamètre, qui servira à passer le câble électrique Collez avec du kraft gommé le rond sur le fond de la citrouille.

Froissez une page entière de journal, de manière à obtenir un boudin aplati. Fixez ce boudin avec du kraft gommé sur le dessus et le dessous de la citrouille.

Posez de la même manière des boudins tout autour de la citrouille, en laissant un espace suffisant entre chacun d'eux pour représenter les côtes du légume.

Recouvrez l'ensemble de trois couches de papier en n'oubliant pas le fond, que vous ne pourrez faire qu'en dernier.

Gonflez un ballon le plus possible pour que l'arrondi supérieur ait une belle forme. Recouvrez cet arrondi d'un minimum de six couches de papier, puis percez le ballon et égalisez les bords avec un cutter.

Comme pour le corps de la citrouille, formez des boudins aplatis mais plus courts. Collez-les tout autour avec du kraft gommé en rabattant le surplus de papier vers l'intérieur du couvercle. En revanche, conservez le surplus du dessus du couvercle. Laissez un espace suffisant entre chaque boudin.

Emprisonnez dans du kraft gommé, en serrant bien, tout le surplus de papier du dessus du couvercle pour représenter la queue et recouvrez l'ensemble du couvercle de trois couches de papier.

Quand tout est bien sec, dessinez les yeux et la bouche avec un feutre et découpez-les au cutter.

Construisez un petit socle, à partir d'un rond de carton de 9 centimètres de diamètre environ, qui vous servira à fixer l'ampoule. Après l'avoir coupé, vérifiez qu'il peut bien passer par l'ouverture de la citrouille, sinon, recoupez-le à la bonne taille.

Tracez et découpez un rond au milieu, de 4 centimètres de diamètre environ, destiné à recevoir la douille. Vérifiez que la douille se met en place facilement.

Formez la base du socle avec une petite bande de carton ondulé et assemblez le tout avec du kraft gommé.

Mettez votre dispositif de lumière en place dans la citrouille et faites passer le fil par le trou du fond prévu à cet effet.

Attention, le papier mâché est une matière inflammable, et il est indispensable de respecter quelques règles de sécurité très simples : n'utilisez qu'une ampoule de très faible puissance, 25 watts par exemple, et ne la laissez pas allumée trop longtemps.

N'utilisez en aucun cas une bougie, ce qui serait très dangereux.

Si vous souhaitez laisser vos enfants jouer avec la citrouille, il est alors préférable de remplacer l'ampoule par une lampe de poche de faible puissance.

JOURS DE FÊTE

Les déguisements de carnaval

Masques et chapeaux sont la touche finale d'un déguisement réussi. Amusez-vous, toutes les fantaisies sont permises.

Les oreilles de lapin

Mesurez le tour de tête de la personne à laquelle sont destinées les oreilles de lapin.

Gonflez le ballon de manière à obtenir la même taille dans sa partie la plus large.

Recouvrez environ la moitié du ballon de dix couches de papier au moins : cette base doit en effet être très solide pour supporter le poids des oreilles. Vous pouvez coller deux ou trois couches à la fois. Suspendez le ballon pour chaque séchage.

Percez le ballon et découpez nettement tout le tour pour obtenir une petite calotte.

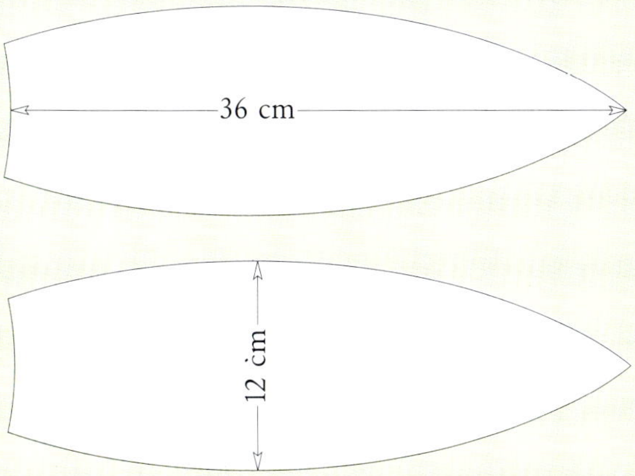

Plan de découpe

Fournitures supplémentaires :
– du ruban pour l'attache.

Découpez les oreilles selon le schéma et fixez-les solidement sur la base, à environ 2 centimètres l'une de l'autre, avec de la colle et du kraft gommé.

Vous ne pourrez pas recouvrir les oreilles d'un seul coup, elles se ramolliraient et se déformeraient complètement. Commencez par recouvrir leur base en solidifiant les jointures avec la calotte. Laissez sécher, puis recouvrez à nouveau en montant un peu plus, laissez sécher, et ainsi de suite pour les deux faces et jusqu'en haut des oreilles.

Percez deux trous pour passer un ruban qui permettra d'attacher les oreilles autour du cou. Passez l'apprêt, peignez et vernissez.

Le masque fraise

Gonflez un ballon à la taille approximative du tour de tête de la personne à laquelle est destiné le masque. Recouvrez la moitié du ballon, dans le sens de la hauteur, de dix couches de papier au moins. Lorsque tout est bien sec, percez le ballon et égalisez les bords en suivant les formes principales d'un visage (pommettes et menton).

Tracez les yeux et le nez avec un feutre et découpez-les au cutter. Collez le petit morceau de carton ondulé représentant le nez avec du kraft gommé.

Découpez les feuilles selon le schéma et collez une tige de fil de fer sur une des faces avec du kraft gommé. Recouvrez de trois couches de papier et donnez aux feuilles une forme arrondie quand elles sont encore humides, forme qu'elles conserveront grâce à leur structure de fil de fer.

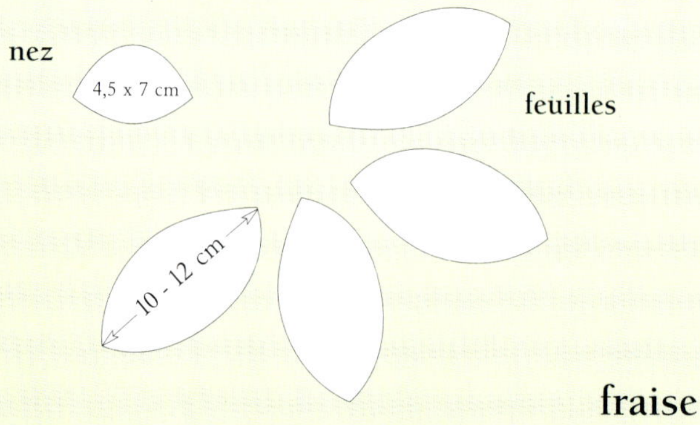

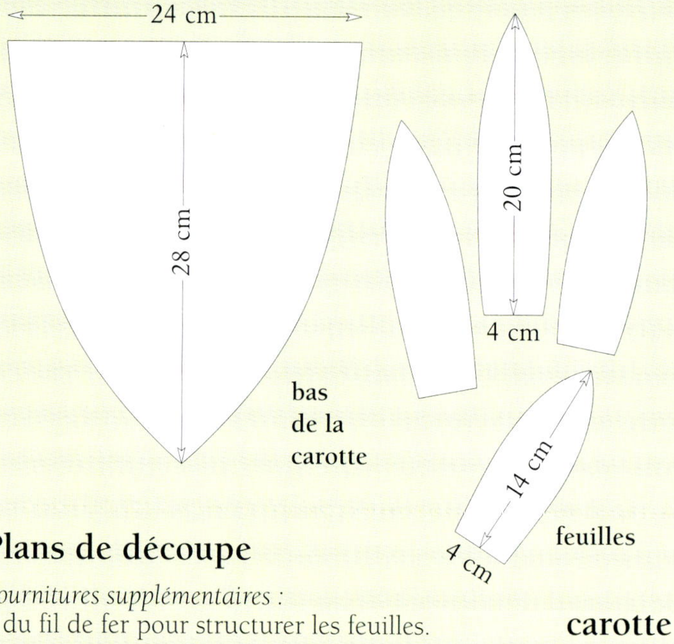

Plans de découpe

Fournitures supplémentaires :
– du fil de fer pour structurer les feuilles.

Formez un petit boudin de papier que vous enroulerez de kraft gommé et qui figurera la queue.

Assemblez cette queue et les feuilles avec du kraft gommé et de la colle, puis collez le tout sur le dessus du masque.

Recouvrez toutes les parties ayant donné lieu à un assemblage avec du kraft de une ou deux couches de papier.

Passez l'apprêt, peignez et vernissez.

Le *masque carotte*

Gonflez un ballon à la taille du tour de tête du destinataire du masque puis procédez, jusqu'à la découpe des yeux et le rajout du nez, exactement comme pour le masque fraise ci-contre.

Découpez les feuilles et disposez-les joliment à plat.

Assemblez-les avec de la colle et du kraft gommé. Recouvrez-les ensuite toutes ensemble de trois couches de papier.

Quand elles sont bien sèches, fixez-les solidement sur le masque avec de la colle et du kraft et recouvrez de deux ou trois couches de papier tous les endroits ayant fait l'objet de jointures avec du kraft.

Assemblez ensuite le bas de la carotte au reste du masque avec de la colle et du kraft gommé et recouvrez tout le carton encore apparent de trois couches de papier.

Passez l'apprêt, peignez et vernissez.

Le *chapeau chinois*

Découpez les ronds, faites une fente et assemblez-les en cônes avec du kraft gommé. Superposez les deux épaisseurs et recouvrez de trois couches de papier à l'intérieur puis à l'extérieur. Passez l'apprêt et peignez au lavis pour garder la transparence.

Plan de découpe

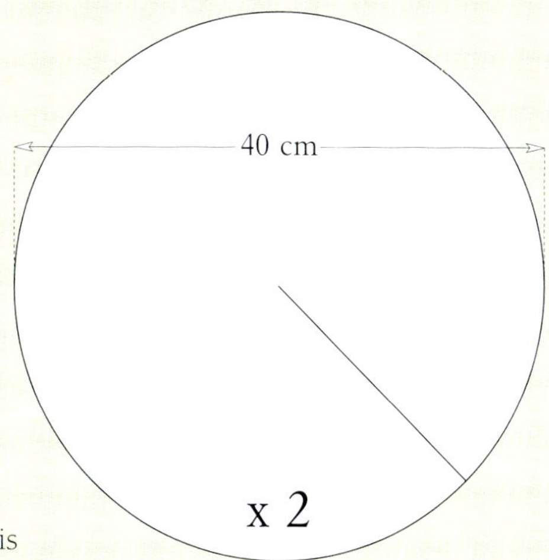

Fournitures supplémentaires :
- carton souple superposé en deux épaisseurs pour obtenir une forme satisfaisante ;
- quelques feuilles d'un journal chinois pour la dernière couche ;
- ruban ou cordonnet noir à tresser pour la natte.

Joyeuses Pâques !

Remplissez une magnifique poule d'œufs en papier mâché, en chocolat, en sucre, en pâte d'amande...

La *poule*

Gonflez un ballon et recouvrez-le presque entièrement : ne laissez que l'emplacement d'un petit rond à l'une des extrémités, qui servira à fixer les plumes. Mettez un minimum de six couches de papier, le corps de la poule devant être bien solide.

Percez le ballon et découpez une ouverture ovale sur le dessus du corps de la poule, puis égalisez les bords et enlevez les morceaux de ballon qui pourraient y rester collés.

Découpez les ailes et les plumes et collez sur une des deux faces, avec du kraft gommé, des tiges de fil de fer que vous laisserez dépasser de 2 centimètres. Recouvrez-les de trois couches de papier et donnez-leur une forme incurvée quand elles sont encore humides.

Collez la collerette avec la boule de polystyrène figurant la tête. Si la colle attaque le polystyrène ou que l'ensemble ne tient pas assez, piquez un cure-dents dans la boule, fixez le bout qui dépasse dans le carton et achevez la fixation avec du kraft gommé.

Collez ensuite le bec, la crête et le jabot avec du kraft gommé, puis recouvrez l'ensemble de deux couches de papier.

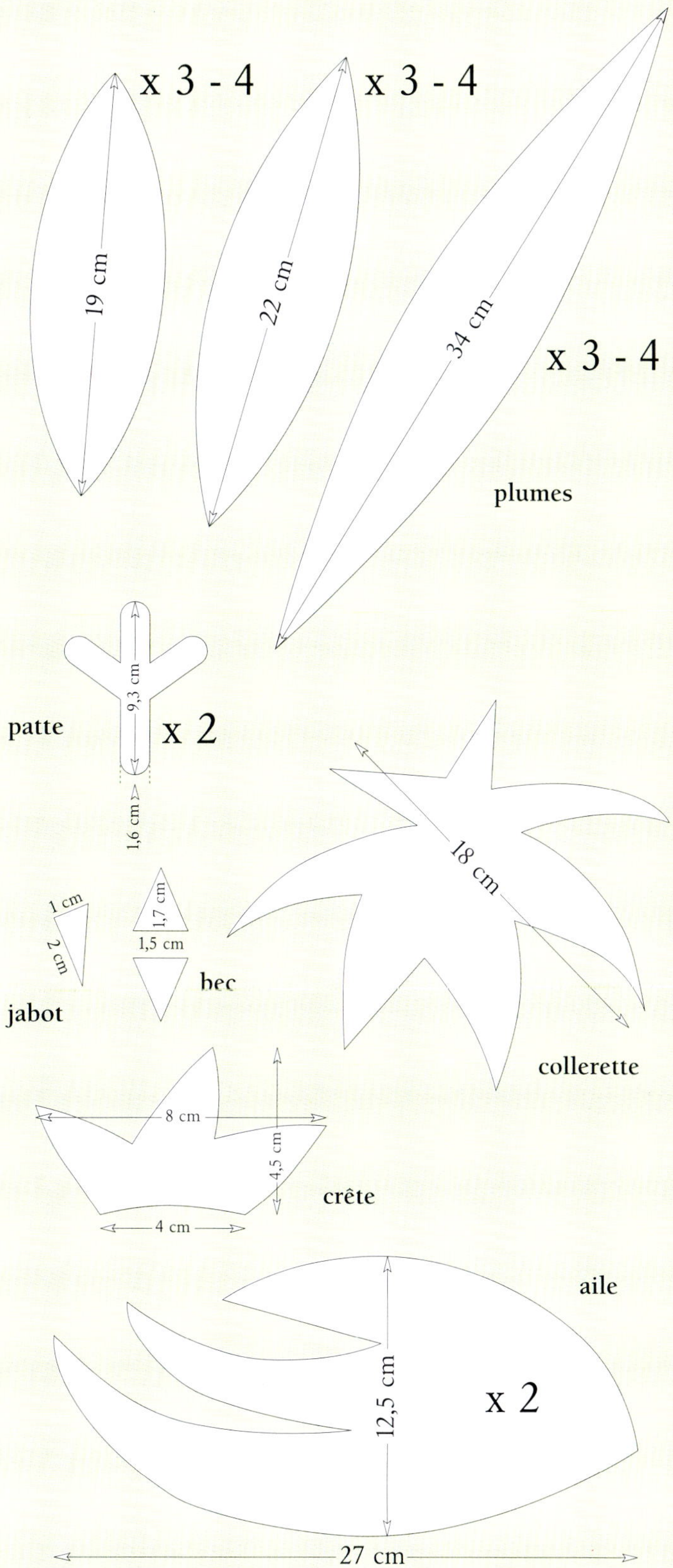

Plan de découpe

Marquer toutes les formes avec le doigt lors de la pose de chaque couche de papier .

Découpez les pattes et faites un petit trou au milieu, puis coupez quatre bouts de fil de fer de 13 centimètres de longueur environ.

Positionnez-les sur les quatre doigts de la patte et passez le surplus de chaque fil de fer dans le trou avant de les coller avec du kraft gommé.

Sur l'envers, torsadez ensemble les quatre fils de fer qui dépassent et laissez-les en attente pendant que vous recouvrez de deux couches de papier. Quand le carton est humidifié, courbez légèrement les pattes, suffisamment pour qu'elles aient une forme naturelle, mais pas trop pour que la poule soit stable.

La tête devant être posée sur l'extrémité la plus arrondie, choisissez son emplacement futur et posez le ballon à l'envers. Écartez les fils de fer dépassant des pattes et positionnez ces dernières sur le ventre de la poule. Prenez garde à mettre les pattes dans le bon sens par rapport à l'emplacement que vous avez défini auparavant. Servez-vous des fils de fer pour fixer solidement les pattes avec du kraft gommé.

Recouvrez l'ensemble de deux couches de papier en consolidant bien les pattes, qui supporteront tout le poids de la poule.

Mettez la tête en place et fixez-la avec de la colle et du kraft gommé, n'hésitez pas à mettre beaucoup de kraft pour que toutes les pièces soient bien solidaires. Recouvrez avec deux couches de papier.

Fournitures supplémentaires :

– du fil de fer pour structurer les ailes et les plumes de la poule.

– Les œufs sont faits à partir de formes en polystyrène couvertes d'une couche de papier. Quand ils sont bien secs, recouvrez-les d'une couche de papier décoratif ou peignez-les après avoir passé une couche d'apprêt.

Tous les problèmes que vous pouvez rencontrer sont répertoriés en pages 14 et 15. Pensez à vous y reporter en cas de difficulté.

Quand les ailes sont bien sèches, positionnez la première sur le corps de la poule et fixez-la avec du kraft gommé à la naissance de l'aile et à l'une des trois extrémités, de manière à équilibrer son poids.

Fixez la seconde aile de la même façon, toujours en équilibrant son poids de manière que l'ensemble ne bascule pas. Recouvrez les jointures de deux couches de papier.

Quand vous aurez ajouté les dernières plumes, il est possible que l'arrière, devenu plus lourd que l'avant, ait tendance à basculer. Pour corriger ce défaut, vous pouvez soit vous arranger pour que l'une des plumes repose à terre et fasse office de béquille, soit mettre du poids dans l'avant du corps de la poule.

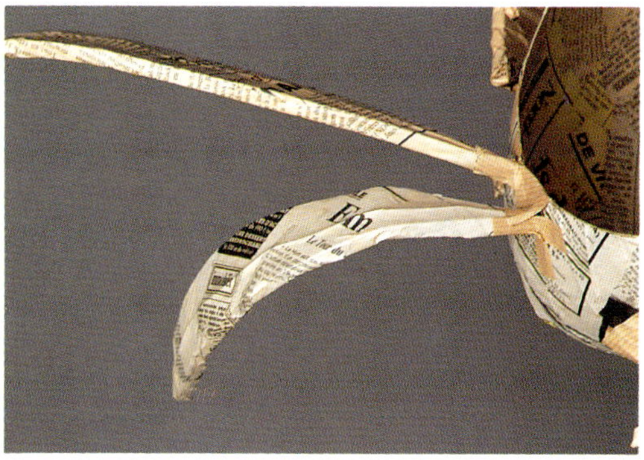

La dernière étape consiste à mettre les plumes venant en plus des ailes ; fixez-les selon votre fantaisie sur l'arrière ou sur les côtés du corps de la poule et consolidez leur base avec plusieurs couches de papier.

Recouvrez en dernier lieu d'une couche de papier décoratif déchiré en bandes de tailles différentes. Le modèle de la photographie a été recouvert de papier recyclé.

Faites attention, le dessin des yeux d'un animal est très important. Ce sont eux qui donnent l'air méchant, l'air gentil, l'air rieur ou en colère... Exercez-vous sur un papier avant de dessiner ceux de votre poule.

Le goûter d'anniversaire

Ce théâtre est facile à réaliser et se plie pour être rangé. Le nombre des marionnettes peut être augmenté au fil des mercredis après-midi pluvieux.

Les rideaux du théâtre :

– utilisez une petite tringle légère adaptable en longueur, vendue généralement pour fixer les brise-bise, ces petits voilages de dentelle que l'on trouve dans les salles de bains ou les cuisines. Cette tringle se fixe avec de petits crochets qui se vissent ;

– pour les embrasses, pompons et galons, faites à votre idée.

Le théâtre

Collez l'une sur l'autre les deux grandes pièces de la partie centrale du théâtre, avec de la colle et du kraft gommé. Ajoutez de grandes bandes de kraft gommé sur les jointures de l'ouverture et du chapiteau.

Couvrez, avec deux couches de papier, d'abord une face, puis l'autre, et faites sécher bien à plat. Ne vous étonnez pas si la première couche fait gondoler le carton dans un sens, la seconde couche, sur l'autre face, rectifiera ce défaut.

Étant donné la surface de l'objet, il est important que la couche de papier décoratif puisse sécher à plat. Pour ce faire, déchirez des carrés et des rectangles de kraft de tailles différentes et recouvrez l'ensemble du théâtre, une face après l'autre, en laissant de côté tous les bords, que vous recouvrirez dans un deuxième temps et que vous ne pourrez faire sécher qu'à la verticale.

De la même façon, recouvrez séparément les pans latéraux du théâtre : deux couches de papier, une face après l'autre, en laissant sécher à plat, puis posez la couche de papier kraft décoratif.

Quand tout est bien sec, fixez deux boules de cotillon de tailles différentes avec un cure-dents et recouvrez-les de deux couches de papier que vous lisserez bien pour conserver la forme des boules.

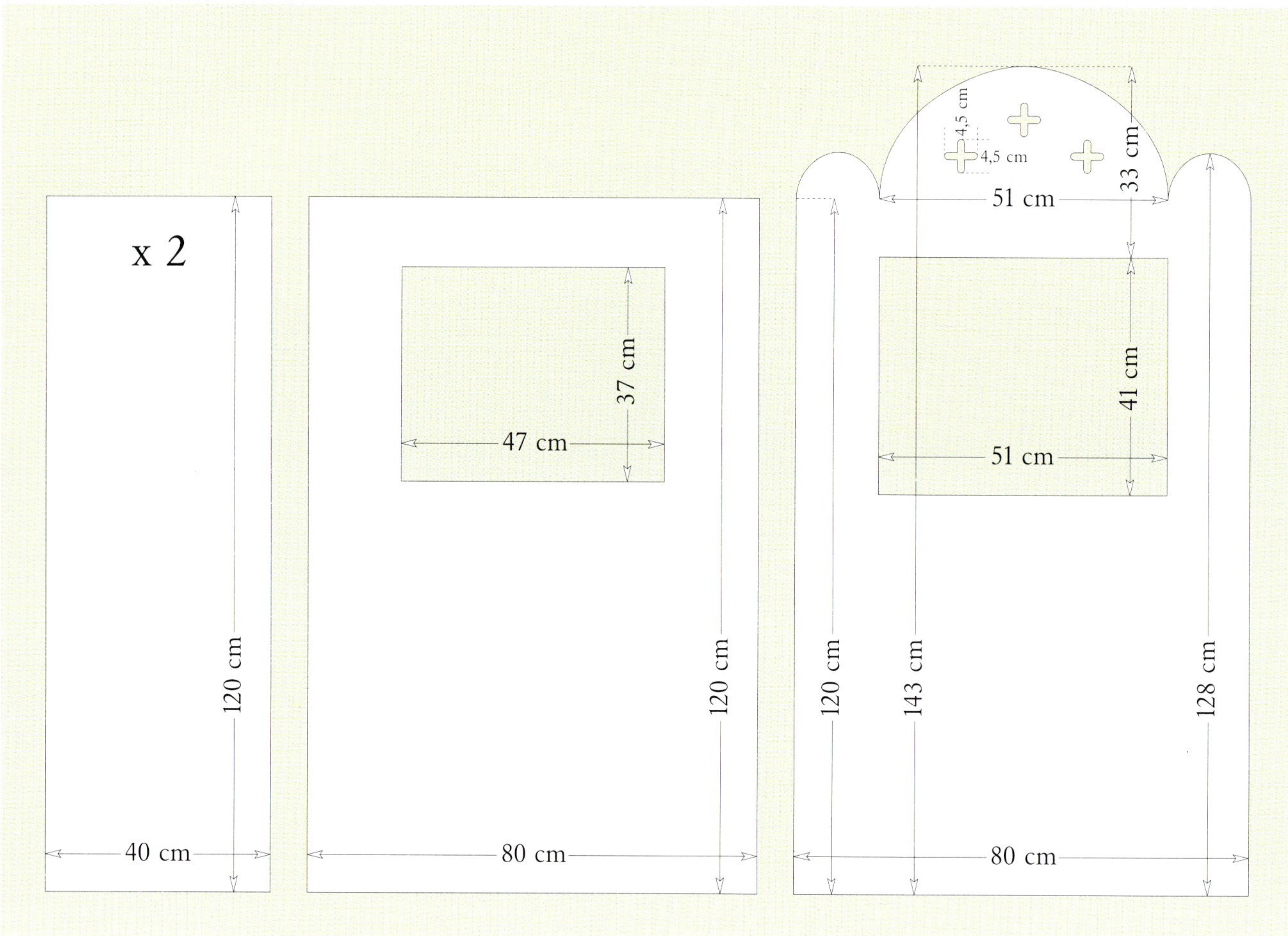

Plan de découpe

Il n'est pas évident de trouver du carton de récupération suffisamment épais de grande taille. Il est donc préférable que vous achetiez des feuilles du type carton « bois » qui existe dans des dimensions de 80 x 120 cm.

Quand tout est bien sec, peignez les arêtes du chapiteau en doré, ainsi que ses découpes décoratives et les boules.

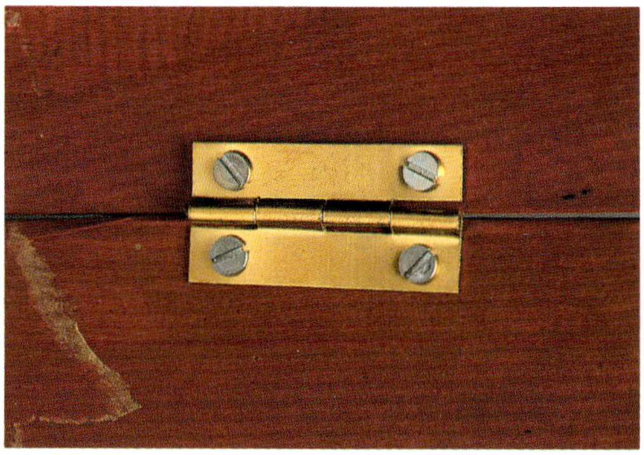

Les deux pans latéraux sont fixés à la partie centrale par de petites charnières à vis ; il en faut deux de chaque côté, que vous fixerez respectivement à un tiers et deux tiers de la hauteur totale. Vissez les charnières sur la face intérieure du théâtre et masquez les vis qui ressortent sur la face extérieure avec de petits cache-vis.

Quand tout est terminé, il ne reste plus qu'à mettre en place la tringle et à coudre des rideaux de velours rouge. Vous pouvez aussi raffiner l'ensemble en collant, sur l'extérieur de l'ouverture, une petite bande de velours rouge bordée d'un galon doré (voir encadré page 59).

Pour les marionnettes, vous devrez préparer une petite quantité de pâte à papier. Ne la faites pas trop liquide pour qu'elle soit plus facile à modeler et sèche plus rapidement.

Le roi et son bouffon

À partir d'une boule de terre à modeler, formez les volumes principaux des visages : arcades sourcilières, nez, joues. Pour le roi, préparez la moustache et deux petites boules pour les yeux.

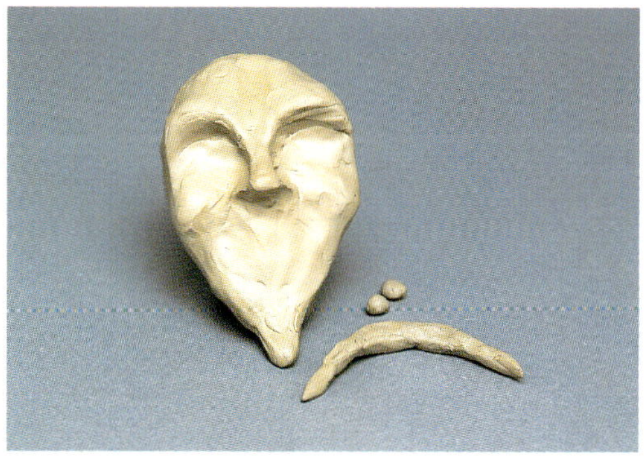

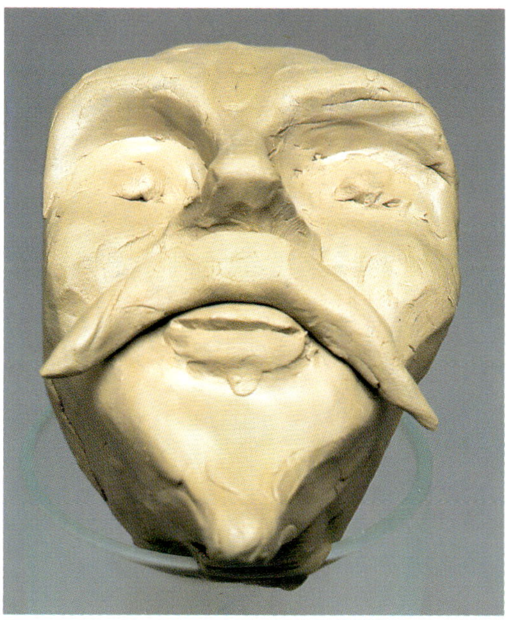

Posez ensuite chacune des têtes sur un verre ou un petit récipient et modelez plus précisément les détails, qui doivent être accentués pour continuer à apparaître sous les couches de papier.

Mettez en place la moustache et les yeux du roi, enduisez votre forme de vaseline pour pouvoir la démouler facilement, puis recouvrez d'une couche épaisse de pâte à papier.

*L*aissez sécher pendant trois ou quatre jours, puis découpez avec un cutter une ligne droite tout autour du crâne afin de pouvoir le démouler et enlever la terre à modeler qui se trouve à l'intérieur.

*R*ecollez les deux parties ensemble avec du kraft gommé et recouvrez de deux couches de papier que vous déchirerez en fines bandes ; marquez bien les détails avec le doigt.

*D*écoupez un trou sous la tête pour pouvoir y passer un doigt.

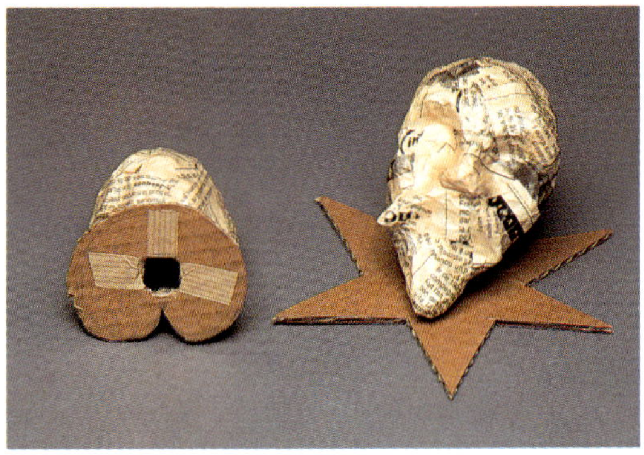

*D*écoupez les oreilles, les collerettes ainsi que la couronne du roi et assemblez-les avec du kraft gommé.

*R*ecouvrez le tout avec deux couches de papier, toujours en fines bandes, en insistant sur les jointures.

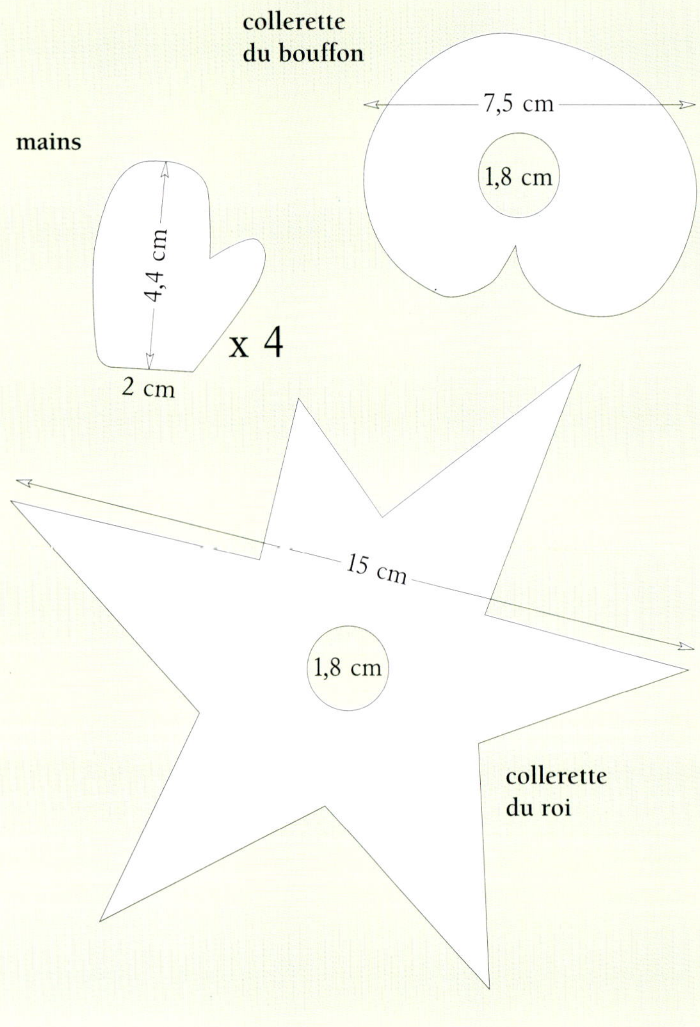

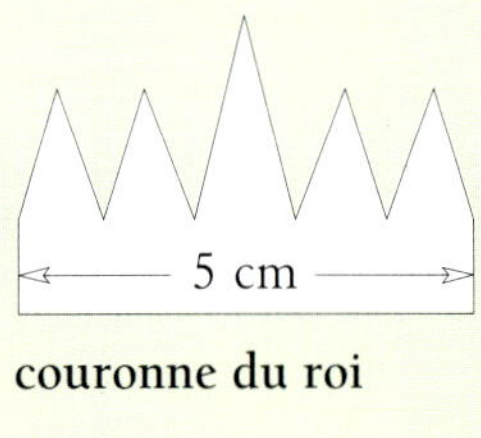

couronne du roi

Plan de découpe

Pour les oreilles, découpez de petits morceaux de carton arrondis que vous adaptez à la forme de la tête.

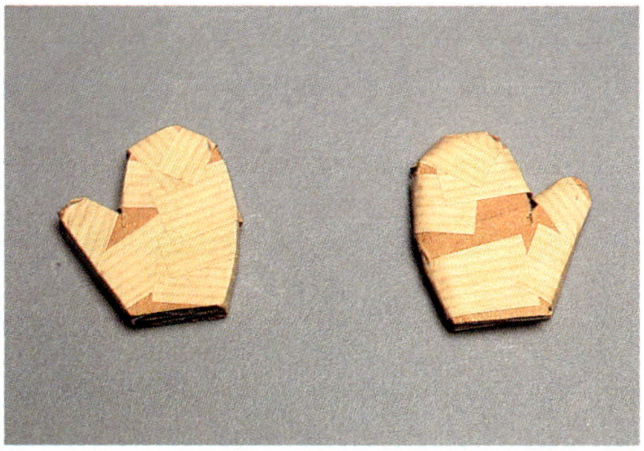

Découpez les formes des mains et assemblez-les l'une sur l'autre avec du kraft gommé : il faut deux formes par main.

Faites attention à ne pas coller de kraft à l'endroit des poignets.

Recouvrez de deux couches de papier, puis, lorsque le carton est humidifié par le papier et qu'il est mou, glissez votre doigt à l'intérieur pour donner leur forme aux mains.

Passez une couche d'apprêt et peignez les têtes en passant d'abord une couche de peinture, acrylique de préférence, puis faites les détails. Inspirez-vous des modèles ci-dessus pour les expressions des yeux et les formes des bouches.

N'oubliez pas de peindre aussi les mains.

Pour les robes des marionnettes, inspirez-vous de la forme ci-contre, qui est très simple. Laissez un trou pour la tête et deux trous aux angles pour le passage des mains. La robe se fixe avec de la colle, sous la collerette.

Compote Bonne Maman
Cerises

Plateau, cactus et boîte à bijoux...

Les rangements de cuisine

Fini, les cuillers en bois que l'on ne sait jamais où ranger et le désordre dans les tiroirs à couverts.

Le *pot à ustensiles*

Découpez les pièces selon le schéma ci-dessous.

Assemblez les deux côtés les plus grands et le fond avec du papier kraft gommé. Insérez puis assemblez les deux côtés les plus petits.

Recouvrez l'intérieur, l'extérieur et le fond de deux couches de papier. Laissez sécher.

Passez l'apprêt, peignez, vernissez et collez le ruban de votre choix.

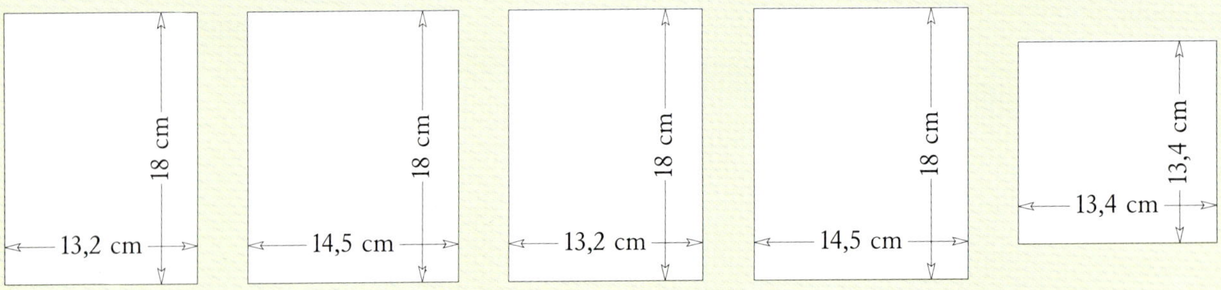

Plan de découpe

Le *range-couverts*

Assemblez les deux côtés les plus grands, puis les deux plus courts puis le fond. Collez les séparations
en commençant par la plus longue, puis la plus petite et enfin les deux autres.

Recouvrez de deux couches de papier. Laissez sécher, passez l'apprêt, peignez et vernissez.

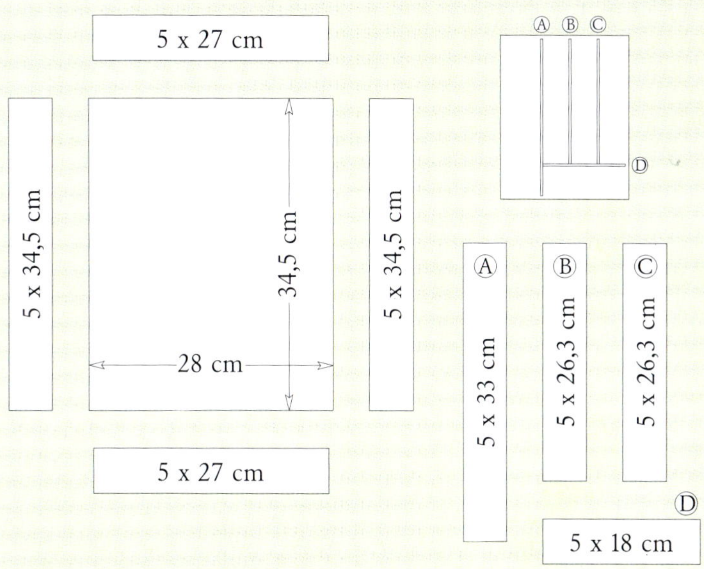

Plan de découpe

Toffees

Un bel office

Créez des boîtes et des rangements de toutes formes et de toutes couleurs.

Le *garde-manger*

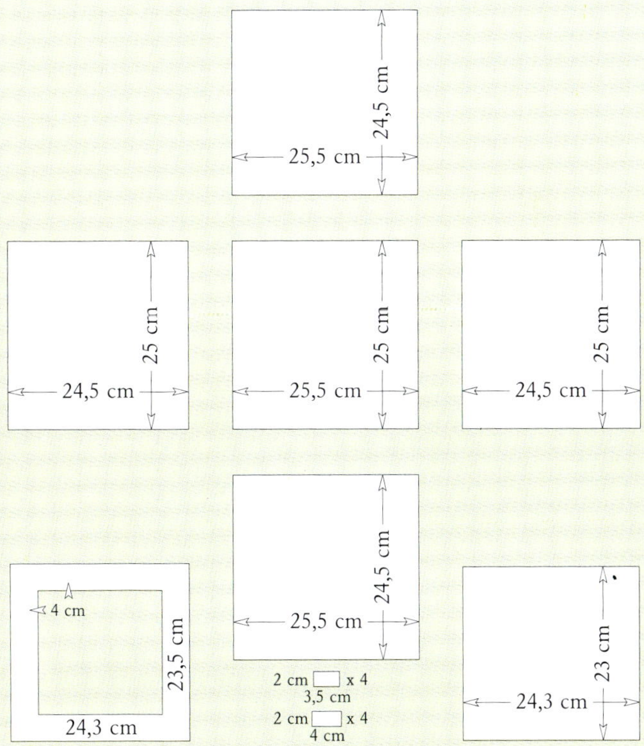

Plan de découpe

Au lieu de peindre votre garde-manger, vous pouvez choisir de le décorer au pochoir. Donnez une couche de peinture d'une couleur unie sur l'apprêt avant d'appliquer votre dessin et, surtout, vernissez soigneusement.

Découpez toutes les pièces selon le schéma de la page précédente.

Sur les deux pièces qui constituent les côtés, fixez les supports de l'étagère à mi-hauteur avec de la colle.

Quand la colle des supports d'étagère est bien sèche, assemblez avec du kraft gommé les pièces qui constituent la base, le fond, les côtés et le dessus du garde-manger. Commencez par les deux côtés les plus grands, puis insérez les deux plus petits pour avoir un cube parfait.

Les finitions

– Pour la porte, vous pouvez utiliser toutes sortes de grillages. Le plus facile à trouver et le plus économique est le grillage dit «à poules», mais attention à ne pas vous griffer en le coupant. Du filet à moustiquaire ou, tout simplement, du tulle peuvent très bien faire l'affaire.

– Toutes sortes de petites charnières peuvent convenir, mais il est préférable qu'elles puissent se fixer par un boulon sur la porte. Ce système de fixation est également recommandé pour le verrou. La finition des objets sera plus soignée si vous peignez ces petits éléments.

Assemblez soigneusement les huit petites pièces qui forment les quatre pieds avec du kraft gommé. Veillez à ce qu'ils aient tous un angle droit bien net.

Procédez à la découpe de l'ouverture de la porte et recouvrez-la de deux couches de papier. Ce faisant, n'omettez pas les épaisseurs des côtés et de l'ouverture. Conservez la porte à part, elle ne sera fixée au garde-manger que lorsqu'elle sera complètement terminée.

La manipulation du grillage « à poules » peut provoquer de petites griffures sur les mains. Fixez-le toujours avec un fort papier collant entoilé qui non seulement le fera bien tenir, mais évitera aussi tout risque d'accrochage.

Mettez en place les quatre pieds et fixez-les avec de la colle, puis consolidez avec du kraft gommé.

Recouvrez l'ensemble, ainsi que l'étagère, de deux couches de papier en prenant soin de bien marquer les supports de l'étagère.

Fixez le grillage sur l'envers de la porte avec une large bande de papier collant entoilé. Vissez les charnières et fixez le verrou.

Passez l'apprêt, peignez et vernissez.

Les boîtes à provisions

Commencez par assembler le cône de la boîte en l'agrafant, puis ajoutez le rond du fond en le collant avec du kraft gommé. Crantez le haut de la boîte avec des ciseaux et écartez les petites dents.

Couvrez de quatre couches de papier en même temps et enveloppez un ballon peu gonflé de cinq couches de papier. Laissez sécher.

Découpez le ballon à la taille du haut de la boîte. Ajustez en faisant des fentes que vous resserez ou que vous écarterez.

Collez la boule de la poignée, recouvrez d'une couche de papier. Passez l'apprêt, peignez et vernissez.

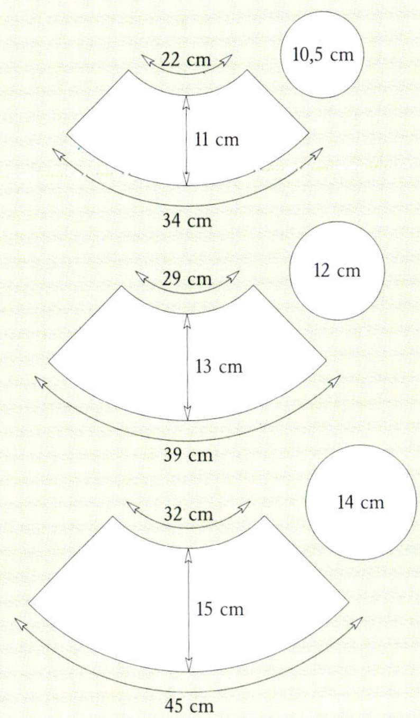

Plan de découpe

Fournitures supplémentaires :

– des boules de papier de cotillon, des ballons et des étiquettes.

Utiles et décoratifs

Donnez libre cours à votre imagination et créez des objets qui varient au gré de vos envies.

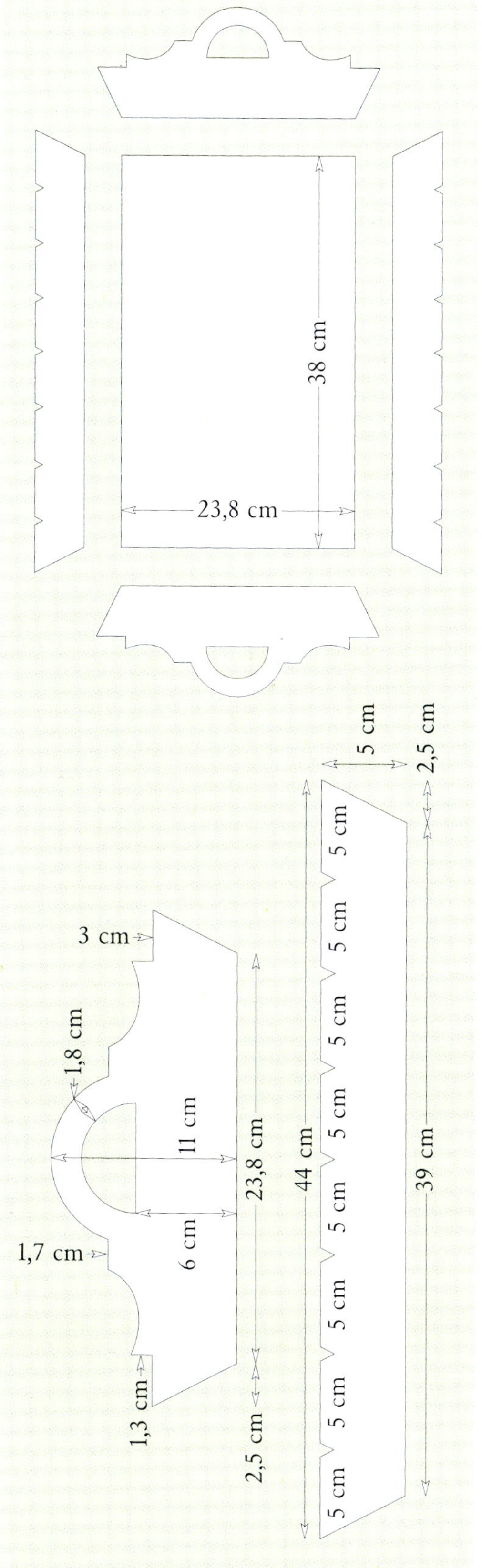

Plan de découpe

Le *plateau*

> *Si vous décidez de peindre l'objet avec de la gouache diluée pour conserver en transparence l'effet de matière que donne le papier journal, pensez à accorder les sujets avec l'objet : pages de mode pour les cartons à chapeau ou les boîtes à bijoux, pages économiques pour un pot à crayons, etc.*

Pour un objet aussi simple à réaliser que ce plateau, toute l'esthétique de l'objet vient du soin apporté à la découpe des détails de la forme en carton de base. Si vous en avez la possibilité, il est donc conseillé d'agrandir à la photocopieuse le plan de découpe ci-contre, ce qui vous permettra de donner à votre plateau la taille que vous souhaitez tout en lui conservant ses proportions.

Assemblez les quatre côtés avec du kraft gommé, puis rapportez le fond en mettant du kraft gommé sur toute la longueur du dessous du plateau.

Couvrez de trois couches de papier et de quatre sur les poignées, qui doivent être renforcées ; commencez par l'extérieur, puis faites l'intérieur. La dernière couche de papier sera faite de pages provenant d'un journal de cuisine.

Peignez avec de la gouache diluée pour conserver la transparence et vernissez.

La corbeille de fruits

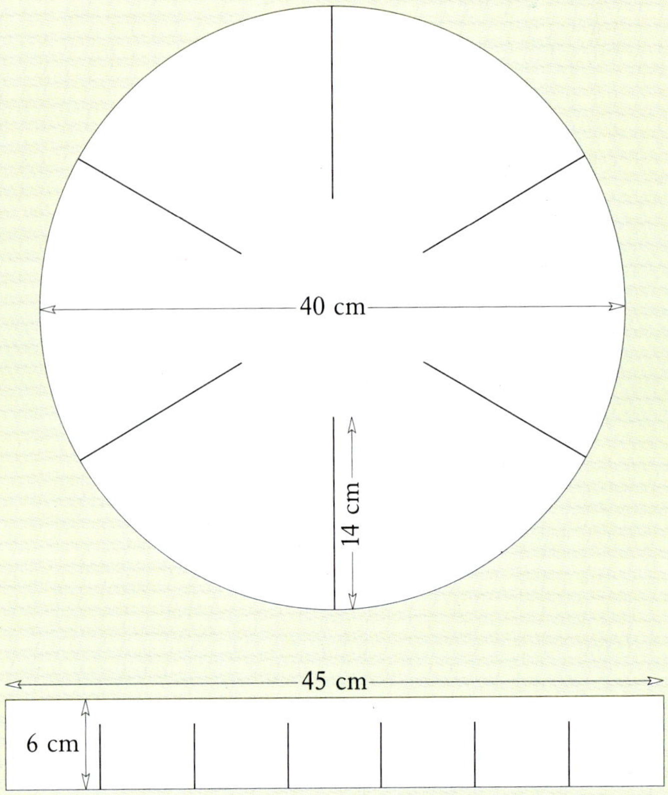

corbeille

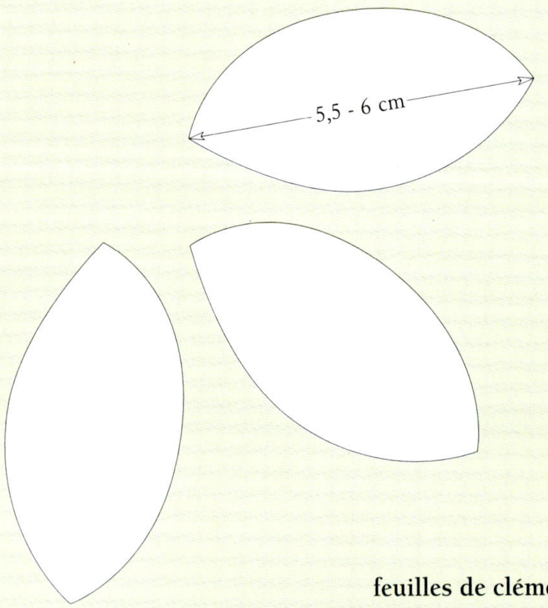

feuilles de clémentine

Plan de découpe

Découpez le rond de grillage et pratiquez sur son pourtour six ou sept encoches qui vous permettront de superposer les morceaux de grillage les uns sur les autres afin d'obtenir une demi-sphère à partir d'une forme plate.

Liez le grillage avec de petits morceaux de fil de fer en ayant soin de ne pas vous griffer.

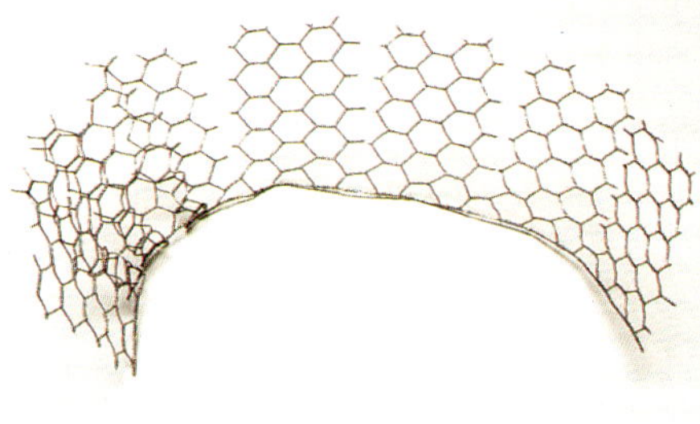

Coupez la bande pour le pied de la coupe en utilisant le bord du rouleau de grillage dont les mailles sont en quelque sorte arrêtées. De l'autre côté, faites six ou sept encoches qui permettront de donner un arrondi à la bande. Du côté opposé aux encoches, faites des plis.

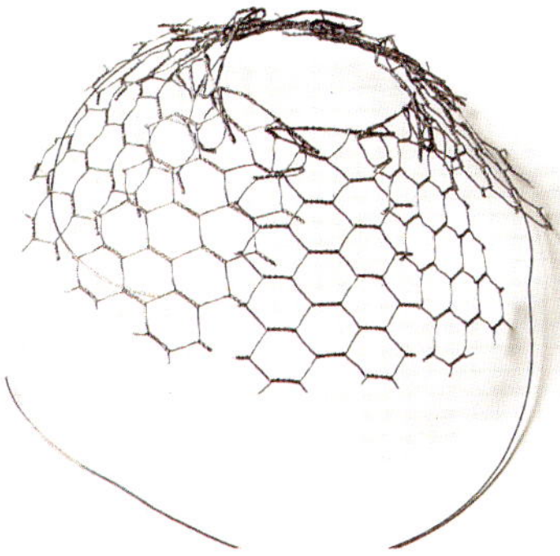

Formez l'arrondi du pied et passez un fil de fer, en vous servant de la trame du grillage, qui servira à joindre les deux extrémités de la bande et à maintenir l'arrondi du pied.

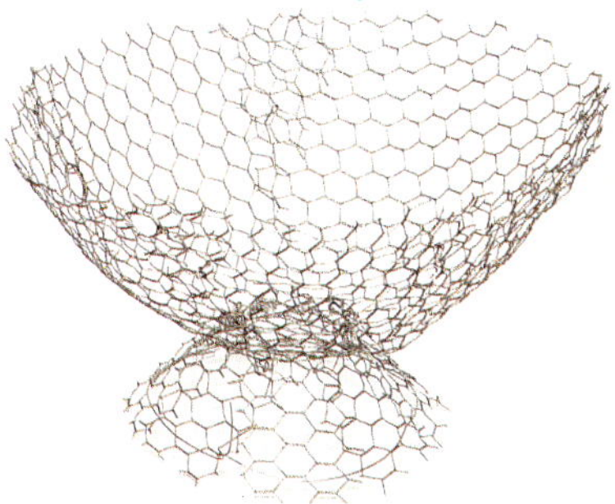

Assemblez la coupe et son pied avec de petits morceaux de fil de fer.

Placez une fine couche de papier déchiré qui servira de support pour accueillir la pâte à papier : recouvrez l'intérieur de la coupe et le pied et laissez sécher au moins trois jours, puis faites l'extérieur de la coupe et l'intérieur du pied. Quand tout est bien sec, faites les finitions en procédant, si nécessaire, à des ajouts de pâte par endroits. En dernier lieu, couvrez d'une couche de papier déchiré en bandes pour masquer les aspérités. Vous pouvez également poncer votre objet.

Recouvrez d'une couche de papier décoratif, peignez les motifs et vernissez.

Les finitions :

- pour les objets faits avec de la pâte à papier, comme la coupe, vous aurez souvent intérêt à les recouvrir d'un papier décoratif un peu épais qui masquera bien les aspérités, du type papier recyclé. La matière de ces papiers étant intéressante, il serait dommage de les recouvrir avec du vernis brillant, choisissez plutôt des vernis acryliques mats, qui sont très résistants ;
- lorsque vous recouvrez des objets de papier de soie, qui est très fin, il est nécessaire d'en mettre plusieurs couches. Avec le papier de soie, vous pouvez obtenir de très jolis effets de froissé.

Les *clémentines*

Recouvrez une boule de polystyrène d'une couche de papier.

Collez, avec du kraft gommé, des tiges de fil de fer sur les feuilles, que vous laisserez dépasser, ce qui vous permettra de leur donner leur forme et de les fixer.

Recouvrez les feuilles de deux couches de papier et donnez-leur leur forme quand le carton est humidifié.

Peignez les feuilles et passez l'apprêt sur les clémentines, puis recouvrez-les de papier de soie et assemblez le tout.

Un déjeuner en plein air

Choisissez la vaisselle que vous mettrez dans votre panier et amusez-vous à l'organiser à votre goût.

Le panier de pique-nique

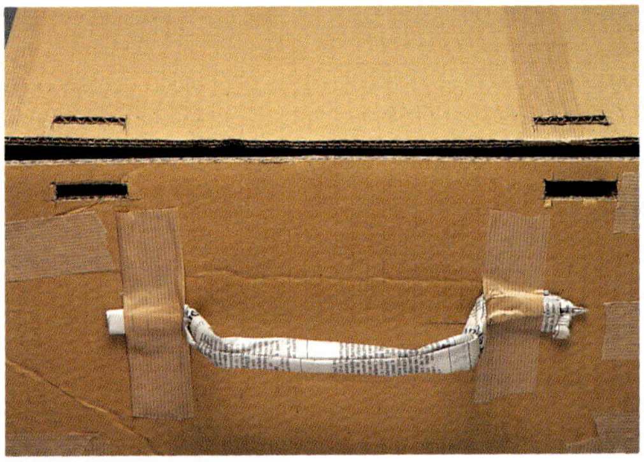

N'oubliez pas d'évider les encoches en découpant les pièces et assemblez le fond avec du kraft gommé, comme pour une boîte.

Roulez un boudin de papier, donnez-lui la forme d'une poignée et collez-la avec du kraft au milieu des deux encoches. Recouvrez le tout de trois couches de papier en consolidant les attaches de la poignée.

Peignez et vernissez, puis cousez le couvercle avec du raphia en faisant les avant-trous avec une aiguille à tricoter. Procédez de la même façon pour fixer les accessoires.

Fournitures supplémentaires :

- du raphia pour fixer tous les accessoires et décorer la poignée ;
- deux petites lanières de cuir avec un système de fermeture.

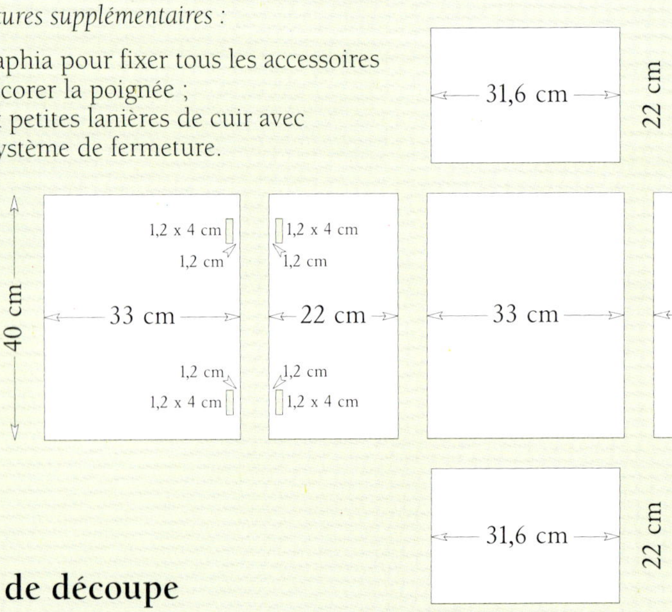

Plan de découpe

galera
El Partido

Les boîtes

Assortissez le décor de vos boîtes aux coloris de votre chambre ou de votre salle de bains.

Le carton à chapeau

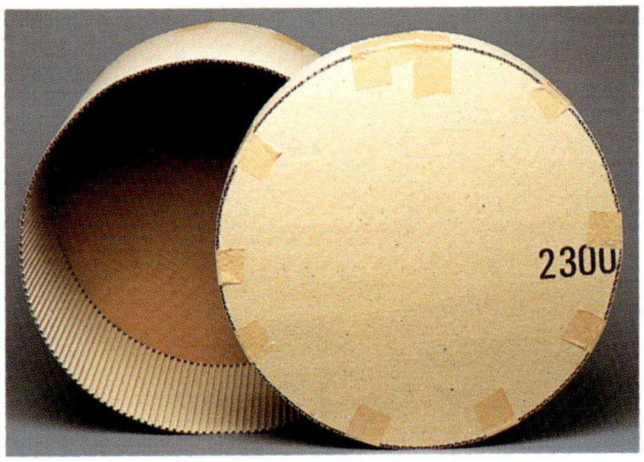

Découpez les pièces selon le schéma et assemblez le fond et le montant de la boîte avec du kraft gommé. Procédez de la même manière pour le couvercle.

Recouvrez l'ensemble de trois couches de papier : commencez par l'extérieur et, quand il est bien solide, faites l'intérieur.

Faites la finition en recouvrant d'une couche de papier décoratif déchiré en carrés et en rectangles inégaux.

Les objets de grande taille sont d'un séchage délicat. Celui-ci doit en effet être lent et régulier, sinon d'importantes déformations sont à craindre. Il existe une bonne méthode pour éviter qu'une boîte ronde ne perde sa forme : si vous possédez une cuvette ou un récipient de la même taille que la boîte en construction, posez-le dans la boîte pendant que l'extérieur sèche.

La boîte à bijoux

Découpez toutes les pièces selon le schéma et assemblez d'abord les pièces formant le fond de la boîte avec du kraft gommé. N'oubliez pas de mettre d'abord en place les deux côtés les plus petits, puis les deux plus grands pour obtenir un rectangle parfait.

Assemblez les pièces formant le couvercle avec du kraft gommé.

Collez ensuite l'arrière de la bande de fermeture de la boîte avec du papier collant entoilé qui fera office de charnière.

Fixez les pattes de fermeture avec du kraft gommé de manière qu'elles correspondent aux encoches de la bande et collez avec du kraft gommé aux angles de la boîte.

Recouvrez l'ensemble de la boîte, intérieur et extérieur, avec trois couches de papier.

La bande de fermeture est recouverte en dernier et doit surtout sécher posée sur le couvercle de la boîte, dans sa position définitive. Recouvrez soigneusement la charnière de manière qu'elle puisse encore bouger lorsque vous voudrez ouvrir et fermer la boîte, sans trop la surcharger.

Quand tout est sec, vous pouvez décorer la boîte en y collant des photocopies en noir et blanc de motifs répétitifs que vous peindrez avec une peinture diluée pour qu'ils restent visibles. Vernissez à l'intérieur et à l'extérieur.

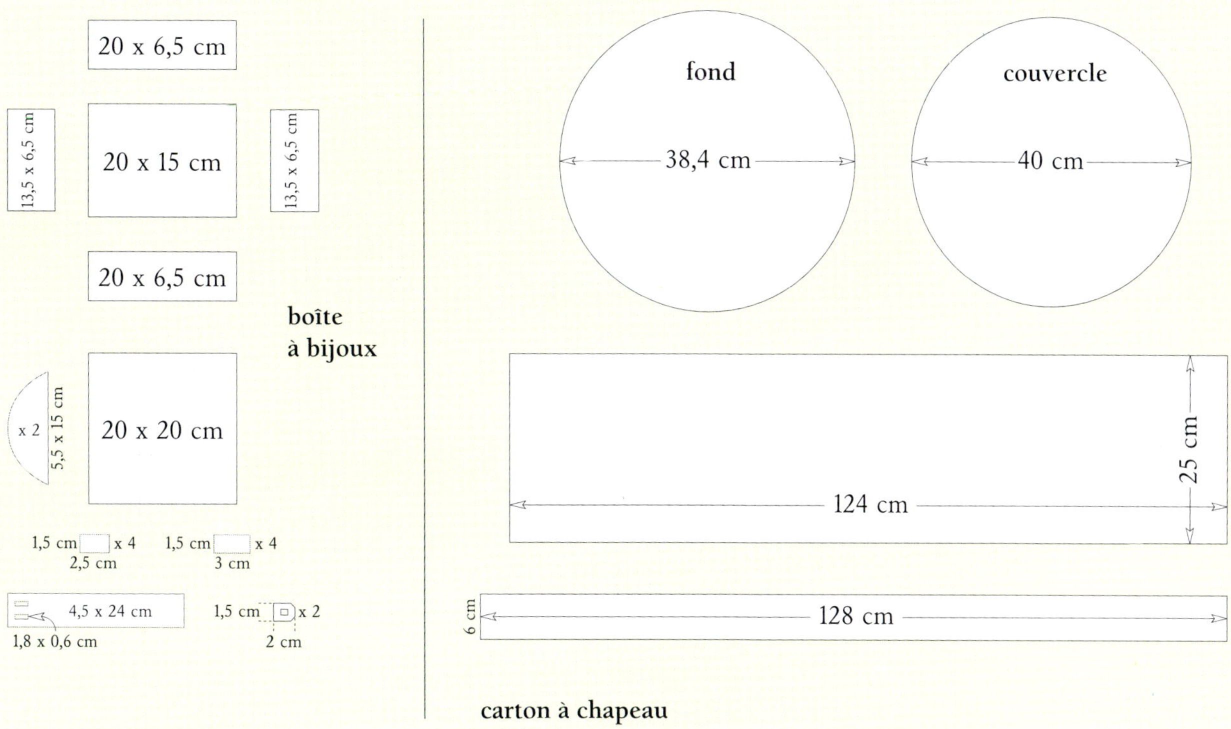

Plan de découpe

La couture et la broderie

Bobines, aiguilles, boutons,
mais aussi écheveaux de coton et galons
ne seront plus jamais en désordre.

La boîte à bobines

Assemblez le fond de la boîte avec du kraft gommé et collez les pieds comme cela est expliqué pour le garde-manger page 68. Montez les bandes de carton du couvercle comme cela est expliqué pour le jeu de cubes, page 36.

La poignée est une petite boule de polystyrène fixée avec de la colle.

Quand tout est en place, recouvrez de trois couches de papier à l'intérieur et à l'extérieur.

Passez l'apprêt, peignez et vernissez.

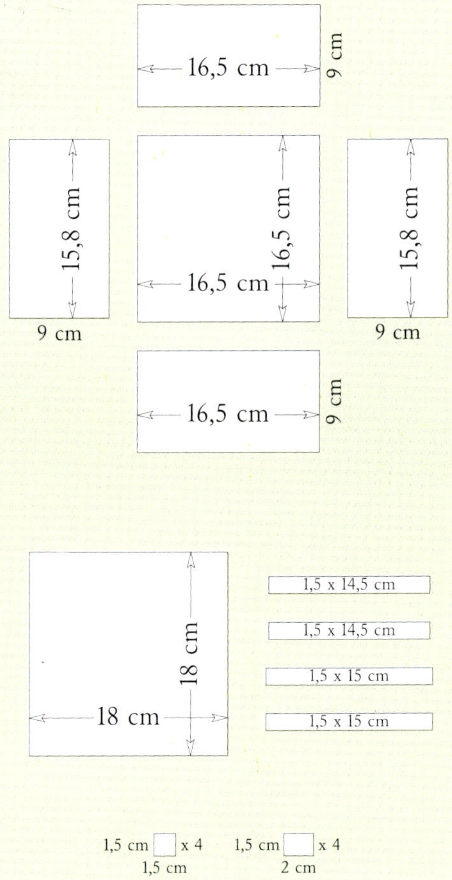

Plan de découpe

Fournitures supplémentaires :

– une petite boule de polystyrène pour la poignée.

Lorsque vous recouvrez des boîtes de multiples couches de papier, marquez soigneusement les arêtes avec le doigt de manière à ne pas perdre la forme initiale de l'objet.

Le nécessaire à couture

Assemblez le fond de la boîte et les quatre côtés avec du kraft gommé.

Collez les séparations avec du kraft gommé, en commençant par la plus longue, puis la moyenne et la plus petite.

Recouvrez de trois couches de papier l'ensemble de la boîte et le couvercle.

Passez l'apprêt, peignez, vernissez et décorez avec du ruban. Le couvercle est maintenu par deux morceaux de ruban, en guise de charnières, fixés avec de la colle forte.

Fournitures supplémentaires :

– du ruban pour la décoration et pour fixer le couvercle.

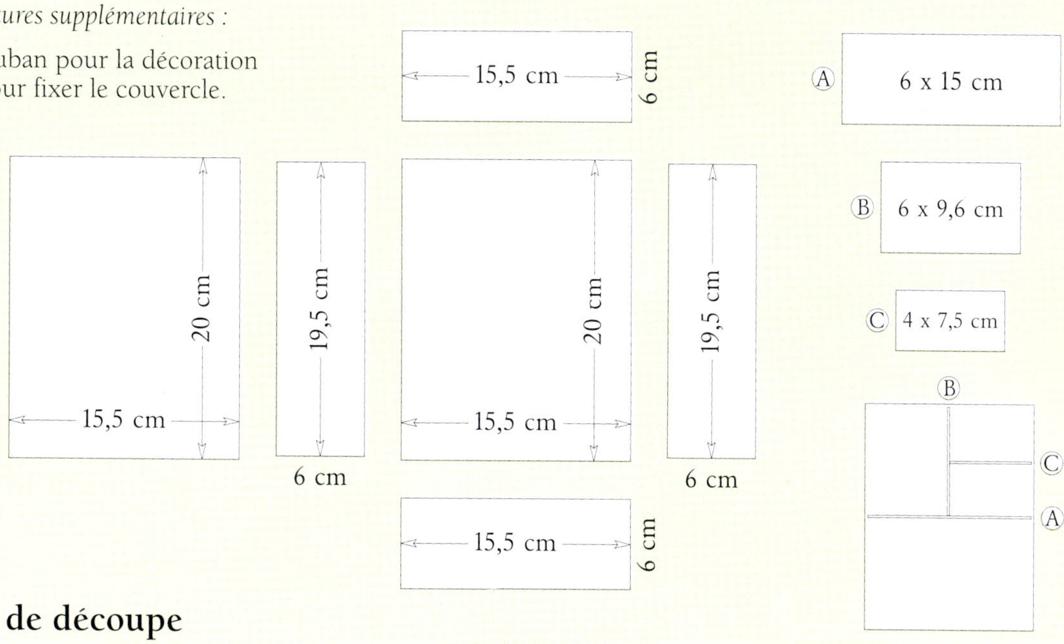

Plan de découpe

Décors d'extérieur

Pour un buffet en plein air ou une fête, des décors d'un jour faciles et rapides.

Le cactus

Découpez des formes dans du carton selon votre fantaisie ; pour que votre cactus soit joli, elles doivent être de tailles différentes. Assemblez-les avec du kraft gommé.

Coupez dans du grillage une bande et un rond pour le fond, que vous assemblerez avec du fil de fer.

Posez deux couches de papier, en faisant une face puis l'autre pour éviter les déformations.

Posez une couche de kraft vert, puis fixez deux brochettes en bois qui permettront de mettre la plante debout dans son pot.

Pour faire les piquants, faites des trous, enfilez des brins de raphia dans une grosse aiguille, traversez les feuilles, puis faites un nœud dans le raphia sur chacune des faces.

Tressez le grillage du pot avec du raphia et rabattez vers l'intérieur les petits morceaux piquants du grillage qui dépassent.

Tapissez l'intérieur de deux couches de papier épais, du papier recyclé par exemple. Vous aurez un peu de mal à le faire adhérer au raphia, mais l'important est qu'il épouse la forme du pot afin que la terre ne s'échappe pas. Mettez votre cactus en pot et calez-le avec de la terre.

Les *calebasses*

Gonflez un ballon et couvrez-le de six couches de papier au moins.

Quand tout est sec, percez le ballon et couvrez-le d'une couche de papier recyclé. L'égalisation des bords ne sera faite avec des ciseaux que lorsque l'ensemble sera terminé, de manière à laisser apparaître les différentes couches de papier.

Posez un nœud de raphia, que vous maintiendrez avec de la colle.

La bibliothèque

Toutes les formes peuvent faire office de serre-livres, à condition d'avoir une partie plate sur l'une des faces.

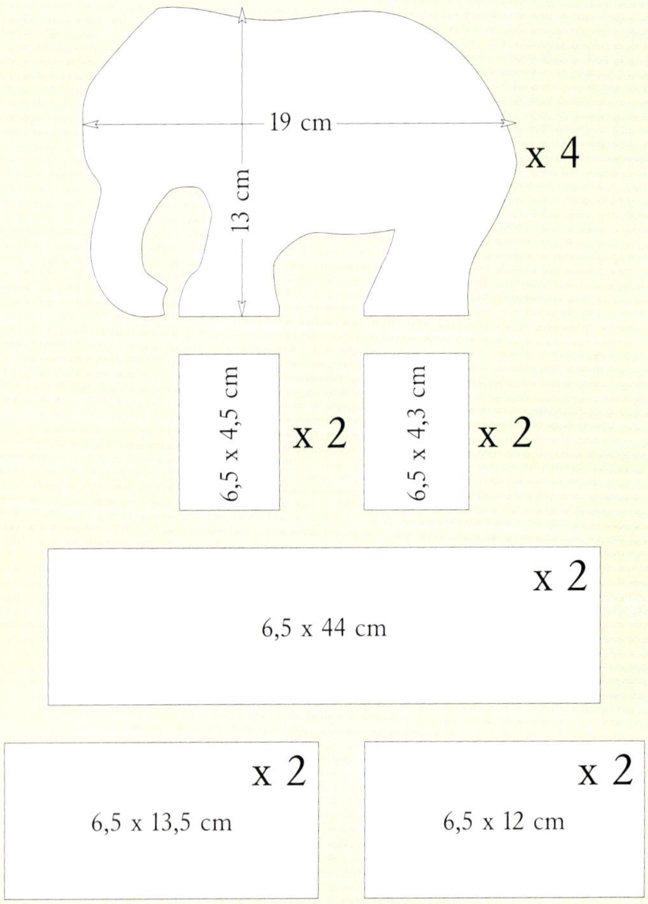

Plan de découpe

Les serre-livres

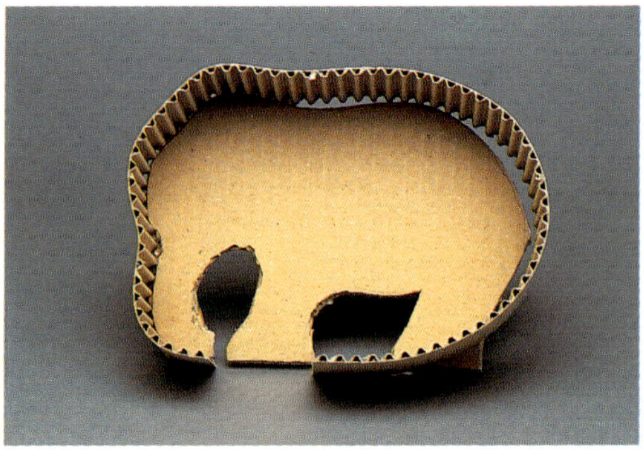

Découpez les formes du corps dans du carton très épais. En revanche, les bandes qui vont vous servir à les assembler doivent être en carton ondulé très mince pour épouser facilement les découpes.

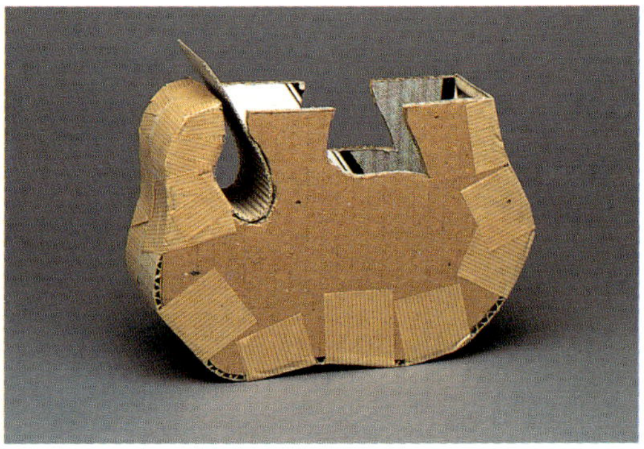

Assemblez les deux parties du corps et la bande de carton souple : enduisez-la de colle et faites le tour du corps de l'éléphant. Pour les endroits plus délicats, comme la trompe et l'entrejambe, vous pouvez très bien couper la bande souple en plusieurs morceaux. Complétez le collage avec du kraft gommé.

Couvrez de quatre couches de papier. Quand tout est bien sec, ménagez un trou sur le dos pour y mettre du sable, puis rebouchez-le soigneusement avec plusieurs couches de papier pour que le sable ne puisse pas s'échapper.

Couvrez d'une couche de papier décoratif ; celui utilisé pour ce modèle est un papier japonais à fibres apparentes.

Découpez la selle dans du papier de couleur et peignez-en les détails ainsi que les yeux de l'éléphant.

Afin que vos éléphants soient des serre-livres efficaces, ils doivent être lourds ; il faut donc vous procurer du sable ou du gravier fin pour en remplir leur corps.

BALZAC
DICKENS
VOLTAIRE
CÉSAR BIROTTEAU
OLIVER TWIST
BALZAC
BALZAC
LE LIVRE
THÉRÈSE DE DILLMONT
ENCYCLOPÉDIE DES OUVRAGES DE DAMES
L'ANCIENNE FRANCE
LES ARTS ET MÉTIERS AU MOYEN-ÂGE
LE LIVRE
LASALLE
PAUL LACROIX
VIE MILITAIRE ET RELIGIEUSE AU MOYEN ÂGE
NOUVEAU LAROUSSE MÉNAGER
BALZAC
BALZAC
LA COUSINE BETTE
LE PÈRE GORIOT

La lanterne

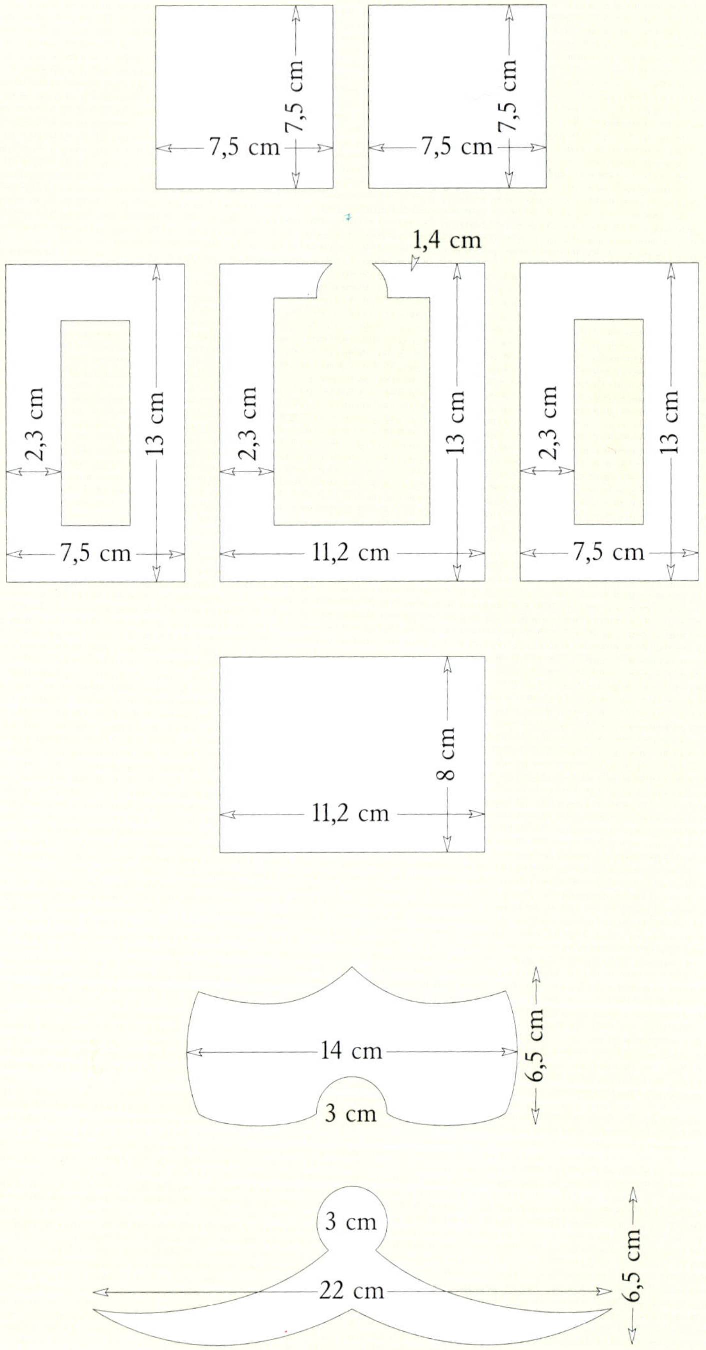

Plan de découpe

Selon le style, plus ou moins oriental, que vous souhaitez donner à votre lanterne, vous pouvez lui ajouter sur le devant un ou plusieurs petits rectangles décoratifs.

Découpez toutes les pièces et commencez par assembler le devant, l'arrière, le fond et les côtés de la lanterne avec du kraft gommé. Ajoutez ensuite éventuellement les petites pièces décoratives de chaque côté.

Si nécessaire, renforcez l'assemblage sur l'intérieur de la lanterne, puis assemblez le toit en veillant à ce que les deux pans aient la même inclinaison.

Fixez le toit au corps de la lanterne, avec du kraft gommé.

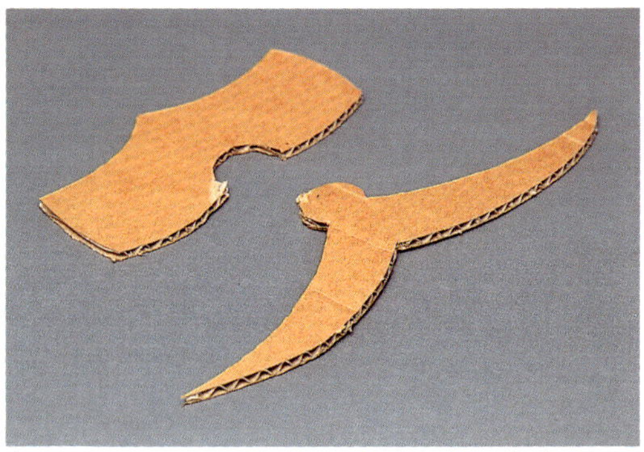

Mettez en place, avec de la colle et du kraft gommé, les deux dernières formes décoratives qui se collent sur l'avant de la lanterne et viennent renforcer l'assemblage de l'ensemble.

Attention, le papier mâché est une matière inflammable : n'utilisez qu'une ampoule de très faible puissance, ou une ampoule basse tension mais jamais une bougie.

Fixez une petite attache en fil de fer sur l'arrière de la lanterne avant de mettre trois couches de papier.

Faites attention, avec l'épaisseur du papier, à ne pas perdre les détails de base : lissez bien avec le bout du doigt toutes les découpes et tous les angles. Pour les découpes à claire-voie du toit de la lanterne, aidez-vous du manche d'un pinceau fin pour y glisser le papier comme cela est montré en page 21 pour les créneaux du château fort. N'utilisez pour les parties délicates que des bandes finement déchirées.

Lorsque tout est bien sec, passez l'apprêt. Peignez, vernissez et collez du papier à l'intérieur de la porte et sur les côtés, pour figurer les vitres. Il est préférable de ne pas recouvrir les clairevoie du toit afin que la chaleur puisse s'échapper si vous mettez une petite lampe dans votre lanterne.

Les finitions :

- pour figurer les vitres de la lanterne, utilisez un papier translucide mais pas transparent, afin de cacher l'ampoule tout en laissant passer la lumière ;
- pour donner un air oriental à votre lanterne, vous pouvez y ajouter de fausses pierres précieuses ou, plus simplement, de petits ronds de papier doré ou argenté qui peuvent d'ailleurs aussi servir pour les yeux des éléphants.

Chaussettes
Gants
Culottes
Ceintures
Caleçons
Foulards

Les petits meubles

Même s'ils sont un peu de guingois, ce qui est le risque du papier mâché, les petits meubles ont un charme fou.

Les finitions

Pour faire les finitions d'un petit meuble, pensez à utiliser tous les restes de frises ou de papier peint que vous pouvez avoir, de manière à les assortir à la pièce à laquelle vous les destinez.

Le chiffonnier

Commencez par assembler les quatre côtés avec du kraft gommé. Faites attention à bien mettre sur l'intérieur les pièces qui sont légèrement plus petites.

Rapportez ensuite le fond, puis les étagères, qui elles aussi sont en double épaisseur. Celle du haut se fixe à 65 centimètres de hauteur, et celle du bas se fixe à 38 centimètres de hauteur. N'hésitez pas à multiplier les morceaux de kraft gommé et posez une bande sur les angles et sur tout le long de la jointure du fond et des étagères.

Couvrez ensuite l'intérieur et l'extérieur de quatre couches de papier que vous poserez progressivement, comme pour tous les objets de grande taille. Lorsque vous recouvrez les étagères, le dessus et le dessous du chiffonnier, faites-le sécher bien à plat pour éviter que ces parties ne s'affaissent.

Procédez ensuite à l'assemblage des boîtes qui vont servir de tiroirs.

Recouvrez l'intérieur et l'extérieur de quatre couches de papier. Vérifiez, au fur et à mesure de l'état d'avancement du chiffonnier, que les trois tiroirs des étagères du haut et les deux des étagères du bas peuvent bien rentrer dans le corps du meuble.

Finissez en posant une couche de papier décoratif que vous déchirerez en carrés et en rectangles de tailles inégales.

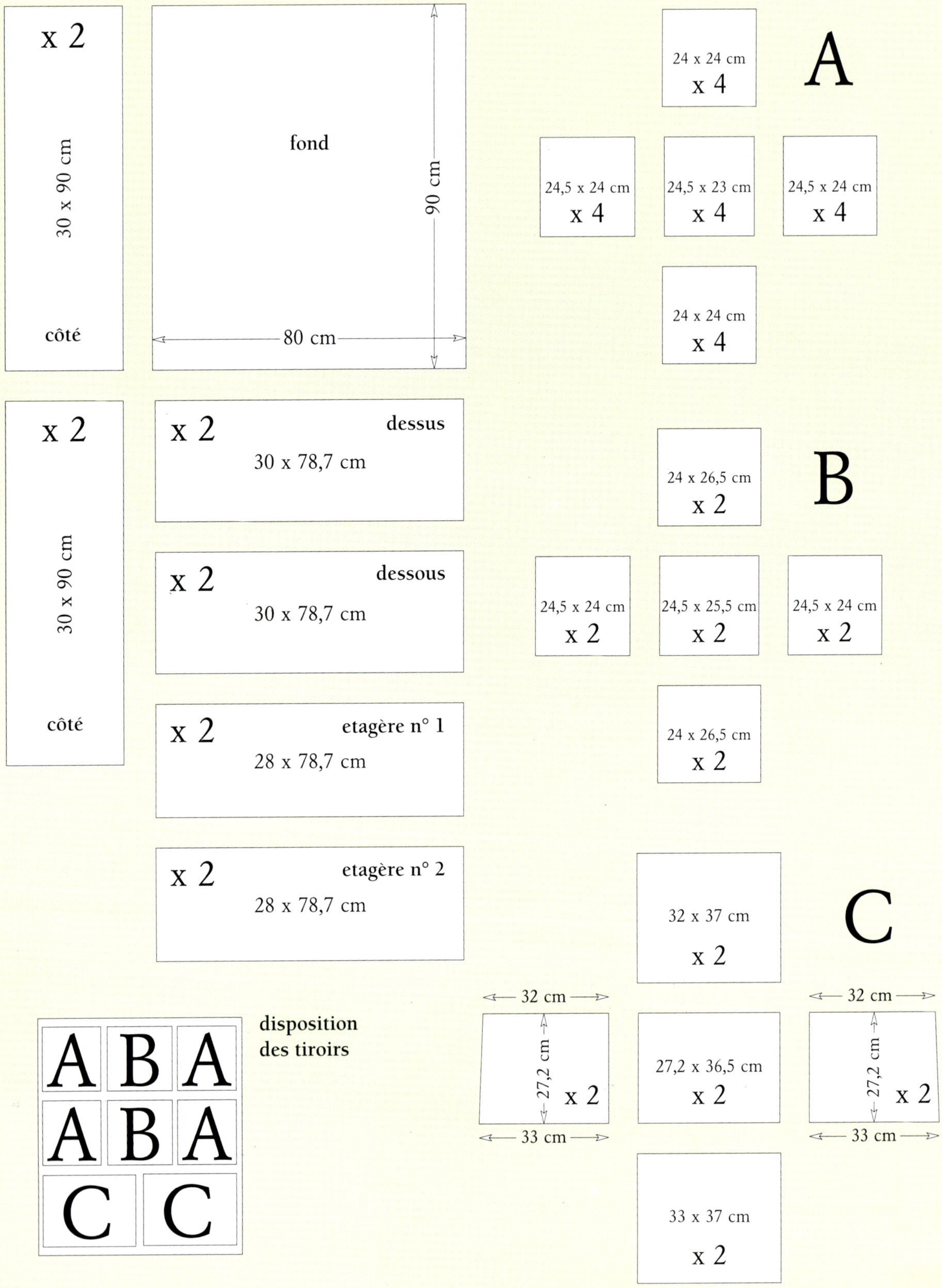

Plan de découpe

Il est recommandé d'utiliser un carton très épais pour le fond.

Pour les meubles à tiroirs, pensez toujours à vérifier en cours de travail que ceux-ci rentrent dans le meuble.

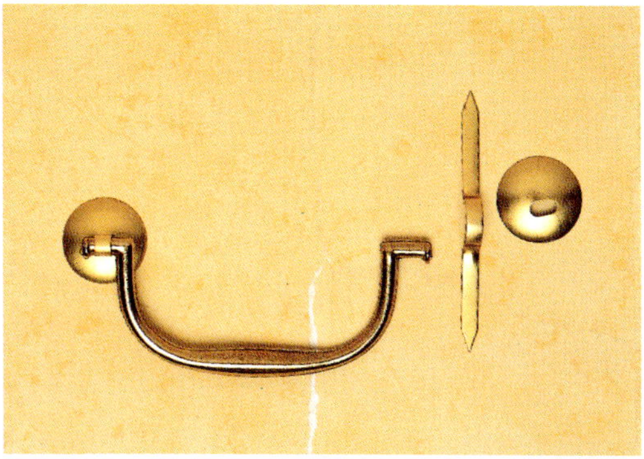

Utilisez des poignées qui servent aux travaux de cartonnage et qui se fixent très facilement par de petits ergots.

Passez l'ergot par un petit trou et rabattez les pattes à l'intérieur des tiroirs en les écrasant pour qu'il n'y ait pas de surépaisseur.

Posez une petite bande de kraft en croix sur les pattes et achevez la finition en collant du papier décoratif par-dessus.

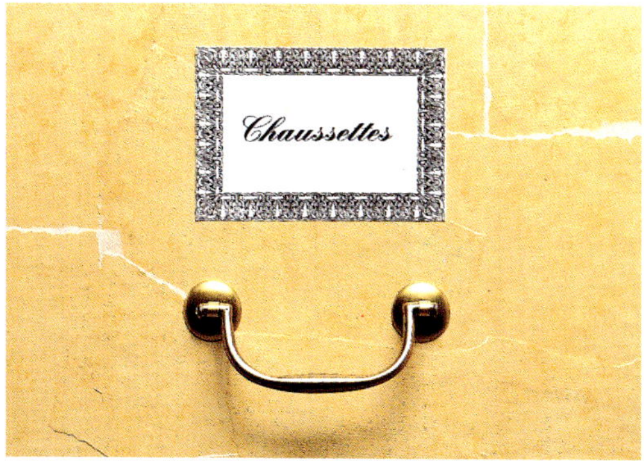

Faites les finitions éventuelles sur les bords des tiroirs et collez les étiquettes.

Les surfaces à recouvrir étant importantes, vous pouvez parfaitement placer à l'intérieur des tiroirs plusieurs papiers différents, voire coller du tissu.

Les étiquettes

Quand il y a plusieurs tiroirs, il peut être commode d'indiquer ce qu'ils contiennent. Pour ce faire, vous pouvez vous servir d'étiquettes adhésives vendues toutes faites dans le commerce ou encore des photocopies d'un modèle qui vous plaît. Cette solution a pour inconvénient d'être définitive. Vous pouvez aussi utiliser de petites plaques dans lesquelles vous glisserez des étiquettes que vous pourrez changer.

DANS LA MAISON

Le bureau

Pour recevoir des billets doux ou en cacher, pour ranger ses papiers personnels ou ses factures.

La boîte aux lettres

Découpez les pièces et assemblez la base et l'arrondi de la boîte aux lettres avec du kraft gommé. Ajoutez ensuite le fond.

Recouvrez l'ensemble de quatre couches de papier, puis, séparément, les deux petites portes ainsi que le drapeau.

Quand tout est bien sec, recouvrez tous les éléments d'une couche de kraft naturel déchiré en carrés de tailles différentes et peignez le drapeau en rouge.

Fixez les portes avec des charnières et ajoutez un verrou (ces opérations sont expliquées en détail pages XX pour le garde-manger).

Les finitions

Vous pouvez achever la décoration de votre boîte aux lettres en y collant un drapeau des timbres, des cachets de poste de tous les pays, des étiquettes d'expédition ou des morceaux de lettres.

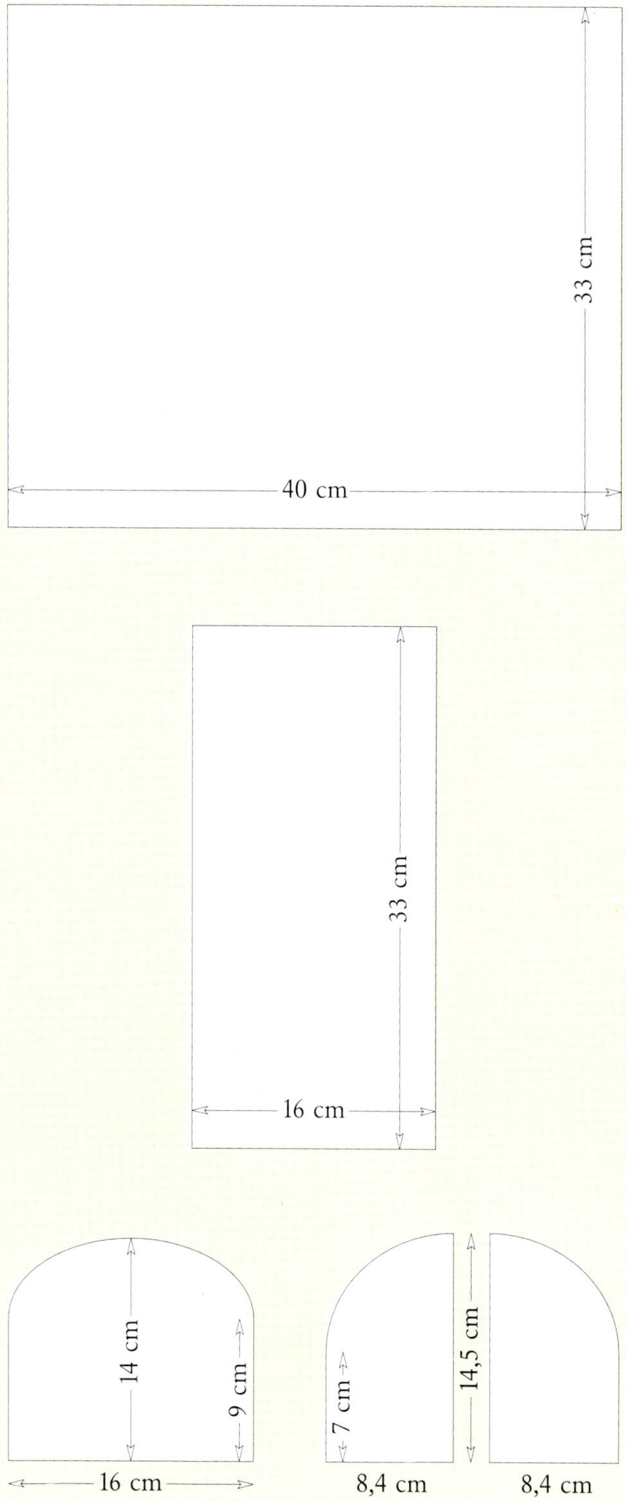

Plan de découpe

Bibliographie

Ghislaine Descamps s'est inspirée de nombreux magazines, documents anciens, livres, dessins et illustrations pour réaliser ses modèles.

Des idées papier mâché, par Andrew Heaps, Mark et Sue Jamieson, éditions Fleurus, Paris, mars 1992.

Kreatives Gestalten mit Papier maché, par Birgitta Jetzek-Berkenhaus, éditions Falken, Niederhausen 1992.

Papiermaché, par Swaantje et Joachim Vooth, éditions Ravensburger, Maier 1992.

Adresses

Toutes les fournitures nécessaires à la finition des objets peuvent se trouver
chez Rougier et Plé, qui possèdent de nombreux magasins :

PARIS
13/15, boulevard des Filles-du-Calvaire, 75003 PARIS - Tél. : (1) 42 72 82 90 - Fax : (1) 42 76 03 90

BORDEAUX
2, rue du Parlement-Sainte-Catherine, 33000 BORDEAUX - Tél. : 56 44 01 70 - Fax : 56 81 75 13

NANTES
9, rue de Rieux (Champ-de-Mars), 44000 NANTES - Tél. : 40 89 41 02 - Fax : 40 20 50 08

LYON
17, cours de la Liberté, 69003 LYON - Tél. : 78 60 04 31 - Fax : 78 60 65 64

LILLE
7, rue des Arts, 59800 LILLE - Tél. : 20 74 98 40 - Fax : 20 06 61 36

AUBAGNE-MARSEILLE
Route de Camp-Major (CD 2), Techni-parc de la Bastidonne Acticlub 1, 13400 AUBAGNE
Tél. : 91 27 24 04 - Fax : 91 27 24 03

CHAMPLAN
Rue Jean-Jaurès, ZAC des Clotais, 91160 CHAMPLAN - Tél. : (1) 64 54 70 00

Service de vente par correspondance :

BP. 492, 91164 LONGJUMEAU Cedex - Fax : 69 09 97 97

Les rayons bricolage et papeterie du Bazar de l'Hôtel de Ville
sont également très bien approvisionnés.

Remerciements

Nous tenons à remercier les boutiques qui nous ont prêté
des objets pour la réalisation des photographies.

POINT À LA LIGNE
67, avenue Victor-Hugo, 75016 PARIS - Tél. : 42 61 18 45

HABITAT
35, avenue de Wagram, 75017 PARIS - Tél. : 44 09 97 02

GENEVIÈVE LETHU
95, rue de Rennes, 75006 PARIS - Tél. : 45 44 40 35

LA VAISSELLERIE
85, rue de Rennes, 75006 PARIS - Tél. : 42 22 61 49

Réalisé par Copyright pour les Éditions Solar
Conception graphique : Anne Fleming
Réalisation des plans de découpe : Duo Design
Imprimé en France